Le développement durable

MONDE D'AUJOURD'HUI

À Okju Jeong.
S.A.

*Cet ouvrage est dédié à la mémoire de Serge Antoine, pionnier du développement durable
et créateur du Comité 21.*

Le comité 21 (Anne-Marie-Sacquet et son équipe) s'est associé à la réalisation de cet ouvrage.

Ouvrage dirigé par Philippe Godard
Conception de la collection : Philippe Godard et Christian Demilly
Direction artistique : Kamy Pakdel, studio Autrement
Coordination éditoriale : Guillaume Griffon et Françoise Laurent
Iconographie : Laure Troussière
Cartographie et illustrations : Stéphane Kiehl
Participation à l'ouvrage : Isabelle Nicolazzi

Le Développement durable,
publié par les Éditions Autrement,
77, rue du Faubourg-Saint-Antoine, 75011 Paris.
Tél. : 01 44 73 80 00 – Fax : 01 44 73 00 12.
Tous droits réservés, © 2006, Éditions Autrement.
ISSN : 1269-8733 – ISBN : 2-7467- 0841-8
Dépôt légal : mai 2006.
Photogravure : Dupont Photogravure
Imprimé et broché par Clerc S.A.

Sources Mixtes
Produit issu de forêts bien gérées
et d'autres sources maîtrisées
www.fsc.org Cert no. SGS–COC–2086
© 1996 Forest Stewardship Council

Ce livre est imprimé sur le papier Arctic the Volume 130 g/m².
Arctic Paper détient le certificat de chain of custody FSC.

Le développement durable

MONDE D'AUJOURD'HUI

durable

SYLVAIN ALLEMAND

ÉDITIONS AUTREMENT

SOMMAIRE

Introduction

Qu'est-ce que le développement durable ? C'est avant tout une autre conception du développement de nos sociétés, de la façon dont nous produisons nos richesses à la façon dont nous les utilisons.

L'idée de développement appliquée aux pays est relativement récente. Elle apparaît au XVIIIe siècle en Grande-Bretagne et plus généralement au XIXe siècle, avec la révolution industrielle, quand les modes de production se mécanisent. Jusqu'alors, les hommes produisaient essentiellement pour subvenir à leurs besoins. La révolution industrielle a permis d'augmenter les richesses des pays, notamment grâce au commerce, et d'améliorer ainsi les conditions de vie de la population.

Cependant, ce développement est aujourd'hui encore inégalement réparti à l'échelle de la planète. L'amélioration des conditions de vie s'est le plus souvent limitée aux pays dits développés. Plus de 850 millions de personnes sont encore mal nourries. De plus, le mode de production industrielle de masse a un impact sur notre environnement. En surexploitant nos ressources naturelles non renouvelables, comme l'eau, le pétrole ou le gaz, il menace l'avenir des générations futures et occasionne de graves pollutions.

C'est en réponse à ces grands constats que le développement durable est né. L'expression apparaît pour la première fois dans un rapport publié en 1987 sous le titre « Notre avenir commun », plus connu sous le nom de rapport Brundtland, du nom de Mme Gro Harlem Brundtland qui l'a dirigé. Il dressait un état des lieux alarmant : creusement des inégalités dans le monde, aggravation de la pollution, violation des Droits de l'homme, etc. En conclusion, il proposait un autre mode de développement de nos sociétés afin de ne pas compromettre les chances des générations futures. Ce rapport a servi de base de travail lors de la conférence des Nations unies sur l'environnement et le développement à Rio de Janeiro, en juin 1992. Après cette conférence, aussi appelée sommet de la Terre, la notion de développement durable a été largement diffusée.

Aujourd'hui, les initiatives ne manquent pas pour tenter de mettre en œuvre le développement durable : du commerce équitable à un tourisme responsable en passant par une autre conception de nos modes de consommation et de déplacement... Mais ces initiatives et ces expériences sont-elles en mesure de répondre aux défis qui nous attendent ? Il y a urgence à agir tous ensemble : États, villes, entreprises et citoyens, dans un esprit de dialogue, afin de parvenir à une culture partagée du développement durable.

La notion de développement durable repose sur trois « piliers », c'est-à-dire trois objectifs fondamentaux : continuer à produire des richesses pour satisfaire les besoins de la population mondiale (pilier économique), veiller à réduire les inégalités à travers le monde (pilier social), et cela sans dégrader l'environnement que les générations futures recevront en héritage (pilier environnemental).

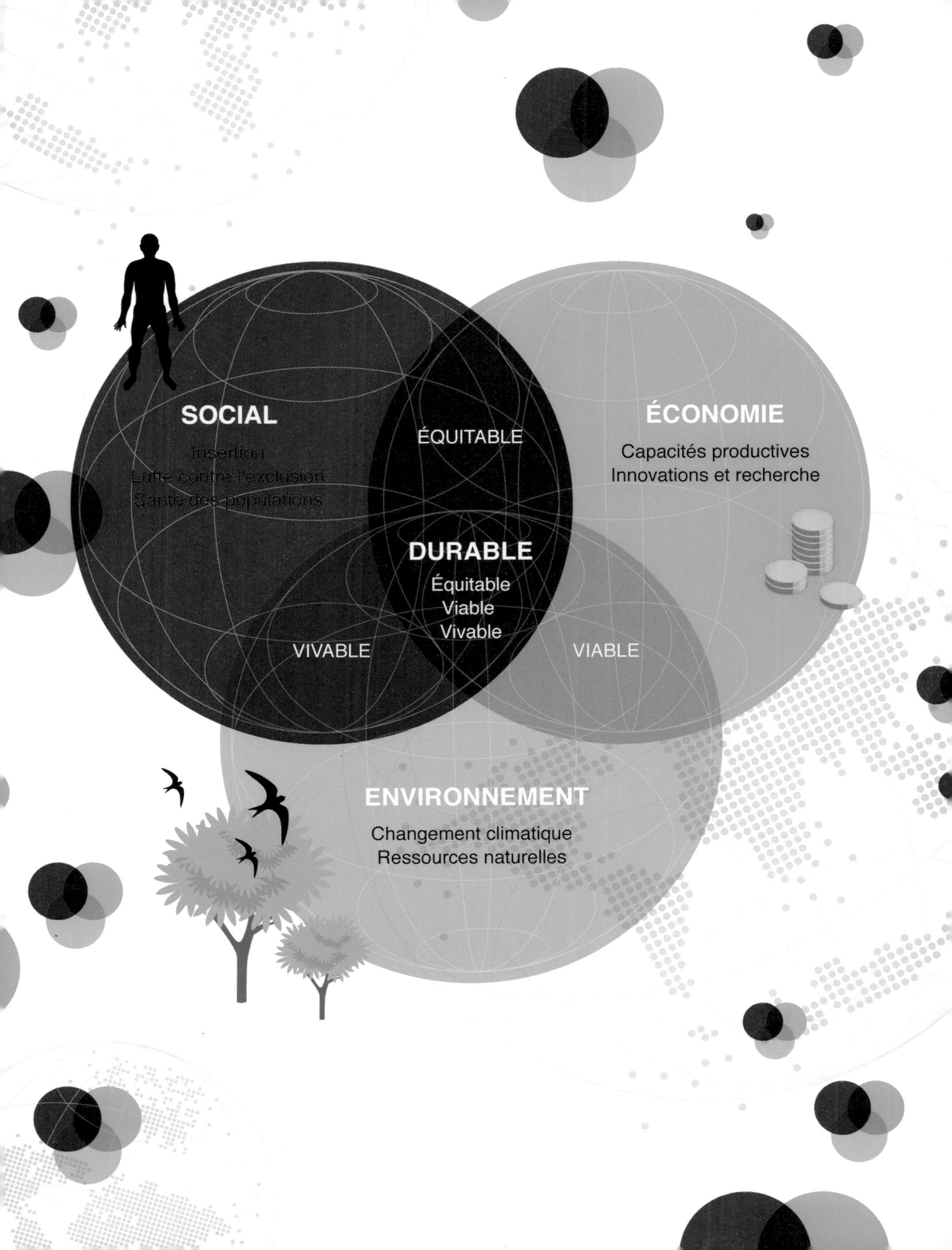

SOCIAL

Insertion
Lutte contre l'exclusion
Santé des populations

ÉQUITABLE

ÉCONOMIE

Capacités productives
Innovations et recherche

DURABLE

Équitable
Viable
Vivable

VIVABLE

VIABLE

ENVIRONNEMENT

Changement climatique
Ressources naturelles

1

POURQUOI LE DÉVELOPPEMENT DURABLE ?

Depuis deux siècles, les hommes ont produit plus de richesses que durant les millénaires qui les ont précédés.

Mais ces richesses sont inégalement réparties sur la planète, et leur production massive dégrade considérablement l'environnement. C'est dans ce contexte qu'une autre forme de développement des sociétés a été envisagée.

Une pauvreté et des inégalités persistantes

Malgré des siècles de production massive de biens et de richesses, 2,8 milliards d'êtres humains, soit près de la moitié de la population mondiale, vivent avec moins de deux dollars par jour. Ce chiffre résume à lui seul la gravité de la situation, mais doit être manié avec précaution. Tout d'abord, certaines personnes parviennent, grâce à l'entraide familiale ou villageoise, à survivre sans gagner le moindre dollar. D'autres, qui gagnent plus de deux dollars par jour, sont obligés de vivre dans la rue en raison du coût élevé de la vie dans leur pays. Ensuite, ce chiffre est une moyenne. Autrement dit, il y a des jours où des personnes perçoivent moins de deux dollars voire rien du tout, et d'autres jours bien plus de deux dollars. Ainsi, elles vivent constamment dans l'incertitude et ne savent jamais de quoi demain sera fait. Elles ont alors du mal à imaginer leur avenir et à construire des projets de vie qui pourraient les aider à sortir de la pauvreté.

À l'échelle de la planète, de grandes inégalités opposent les pays riches comme la France, capables de produire au-delà des besoins de leur population, et les pays pauvres, dépourvus des moyens de satisfaire leurs besoins élémentaires. Mais ces inégalités s'observent également au sein même des pays en développement et des pays développés où des personnes aisées côtoient des sans-domicile-fixe.

Migrer pour survivre

Ces inégalités ne sont pas seulement économiques, elles sont aussi sociales. Aujourd'hui, tout le monde ne vit pas dans des logements dignes, tout le monde n'a pas accès aux soins ou tout simplement à l'eau potable. Et, dans de nombreux pays, la démocratie ne reste que très théorique. Dans les pays de grande pauvreté, des contextes politiques chaotiques viennent souvent aggraver la situation en renforçant la précarité des situations individuelles et en freinant le développement économique du pays. Ces conjonctures dramatiques sont à l'origine de mouvements migratoires de grande ampleur. Ils s'effectuent des pays du Sud, appelés ainsi en référence à l'hémisphère où la plupart des pays les plus pauvres se situent, vers ceux du Nord, l'Europe et les États-Unis. Mais ces migrations s'effectuent également aujourd'hui des pays du Sud vers d'autres pays du Sud.

Le monde contemporain apparaît donc comme un assemblage de réalités extrêmement différentes : l'extrême richesse associée à un fort développement prospère à côté de zones oubliées de la croissance mondiale où règne la plus grande pauvreté.

Dans les pays industrialisés, les inégalités se sont aggravées avec la double montée du chômage et de la précarité, conjuguée à une remise en cause par certains États des systèmes de protection sociale. Cette photo montre un couple de chômeurs et leurs enfants, en Angleterre, dans les années 1980.

850 millions de personnes, soit plus de 1 personne sur 7, souffrent de la malnutrition, dont 200 millions d'enfants selon l'Unicef. La plupart réside dans les pays en développement, mais la pauvreté existe aussi dans les pays riches, où les aides publiques et même les salaires ne suffisent pas toujours pour vivre dans des conditions décentes.

La sous-alimentation dans le monde

Part de la population
sous-alimentée
en 2001 - 2003, en %

moins de 10
de 11 à 25
de 26 à 50
plus de 50
sans données

Un mode de développement aux conséquences néfastes

Depuis au moins trois siècles, les hommes ont cru qu'ils pouvaient produire toujours plus en exploitant sans compter les ressources de la planète. Ils ne se sont pas préoccupés des effets de cette exploitation sur l'environnement. Or nous sommes confrontés aujourd'hui à des problèmes de déforestation, de désertification, ou à de nombreuses pollutions des sols, de l'eau et de l'air, sans parler du trou dans la couche d'ozone. Si l'ozone est un gaz toxique, celui qui se trouve à environ 25 kilomètres au-dessus de nous est essentiel à la vie car il nous protège des rayons ultraviolets émis par le soleil. Aujourd'hui, cette couche est menacée par l'émission de produits chimiques utilisés dans les aérosols, les climatiseurs ou les réfrigérateurs. C'est ce que des experts ont découvert en 1985 en constatant la formation d'un trou dans la couche d'ozone au-dessus de l'Antarctique.

Cette course incessante à la production de richesses (matières premières, produits agricoles, biens manufacturiers...) était considérée par les sociétés développées comme la clé de leur évolution et de l'élévation du niveau de vie de leur population. Il est vrai que cette croissance a permis de spectaculaires avancées, comme le recul de la mortalité ou l'allongement de l'espérance de vie. Mais ces progrès ont masqué un bien grand péril : les mauvais traitements infligés à notre environnement compromettent nos capacités à produire de nouvelles richesses pour assouvir nos besoins présents et futurs.

De plus en plus de citadins

Cette exploitation intensive des ressources de la Terre s'accompagne d'un phénomène tout aussi néfaste : une urbanisation croissante et une forte concentration des individus dans les grandes villes, appelées mégalopoles. Ainsi, des villes dites « champignons » sont passées, en quelques années, de quelques milliers d'habitants à plusieurs millions, dont une partie concentrée dans des bidonvilles. Dans les pays anciennement industrialisés, près de 8 personnes sur 10 vivent en ville et, à l'échelle du monde, c'est près de 1 habitant sur 2. La modernisation de l'agriculture des pays en voie de développement a incité de nombreux agriculteurs à quitter les campagnes pour les villes avec l'espoir d'y trouver un travail mieux rémunéré dans une industrie naissante. Ce mouvement migratoire des campagnes vers les villes, que les anciens pays industrialisés ont aussi connu, s'appelle l'exode rural.

Bien sûr, l'urbanisation offre de nombreux avantages en permettant l'aménagement d'équipements collectifs : routes, voies ferrées, écoles, hôpitaux, bibliothèques... Mais, mal maîtrisée, elle engendre également des pollutions et une dégradation des conditions de vie de ses habitants : problèmes de logement, de transport, d'accès à l'eau potable, de gestion des déchets, relations sociales dégradées, etc.

Avec environ 13 millions d'habitants, la capitale du Nigeria, Lagos, est l'une des villes dont la population croît le plus rapidement au monde. On estime que Lagos comptera 24 millions d'habitants d'ici 2010, ce qui fera d'elle la troisième ville du monde.

1

POURQUOI LE DÉVELOPPEMENT DURABLE ?

La remise en cause d'un modèle unique de développement

Le développement des sociétés a d'abord été pensé selon un modèle unique : moderniser l'agriculture pour pouvoir mieux s'industrialiser ensuite. Cette idée a notamment été défendue par l'Américain Walt W. Rostow, dans son ouvrage publié en 1960 sous le titre *Les Étapes de la croissance économique* qui avançait la théorie suivante : tous les pays se développent en passant par au moins quatre phases, toujours identiques. Dans la première phase, le pays doit réunir les conditions nécessaires à sa croissance économique, telles que l'apparition de l'idée même de progrès, le développement de l'éducation de ses habitants, etc. La deuxième phase est celle du décollage économique proprement dit. Elle annonce une troisième phase : la marche vers la maturité. L'apparition de la société de consommation de masse constitue la quatrième et ultime phase.

Les nouveaux pays industrialisés que sont la Corée du Sud ou Taïwan ont suivi, à partir des années 1970, ce type de développement, et la Chine prend aujourd'hui le même chemin. Mais bien d'autres pays ne sont toujours pas passés à la deuxième phase.

Chacun son rythme

Le fonctionnement même du commerce international, dominé par les grandes entreprises multinationales, serait un obstacle majeur au «décollage» des pays en voie de développement. En effet, il maintient les pays sous-développés dans un état de dépendance, et cela malgré leur richesse en matières premières. C'est la théorie de l'«échange inégal» : les pays industrialisés achètent les matières premières à bas prix et exportent vers ces pays sous-développés des biens industrialisés beaucoup trop chers par rapport à leur pouvoir d'achat. Il apparaît nécessaire aujourd'hui d'organiser autrement ce commerce international afin de faciliter le développement des pays pauvres. Mais il n'y a pas de modèle unique de développement. Chaque société doit pouvoir évoluer à son rythme et en fonction de ses valeurs, de ses ressources et des priorités qu'elle se fixe. Les pays apparemment «en retard» ne sont pas obligés de suivre un parcours imposé. En profitant de l'avance des pays développés, ils peuvent procéder à des «sauts technologiques». L'apparition du téléphone mobile, par exemple, a permis à des pays sous-équipés en téléphonie fixe de rattraper leur retard en se dotant directement de téléphones portables – moyens de communication parfois mieux adaptés aux conditions de vie de la population.

De nombreuses entreprises des pays industrialisés déplacent leurs unités de production dans les pays en voie de développement, où les salaires sont très inférieurs et la législation peu contraignante. Ici une grande firme américaine au Sri Lanka.

Le barrage des Trois-Gorges, construit sur le fleuve Yang-Tsé Kiang, en Chine, est le plus grand projet hydroélectrique du monde. Sa capacité énergétique équivaut à 18 centrales nucléaires, ce qui devrait aider la Chine à résoudre ses problèmes d'énergie. Mais les conséquences écologiques et sociales sont désastreuses : 2 millions de personnes ont été déplacées, et des centaines de villes et de villages ont été engloutis.

Des atteintes portées aux Droits de l'homme

Le développement industriel ne suffit pas à garantir à une société la démocratie et le respect des Droits de l'homme. Aujourd'hui, des milliards de femmes et d'hommes sont encore privés des droits fondamentaux édictés dans la Déclaration universelle des droits de l'homme : liberté d'expression, droit d'association, droit de vote, droit au travail, droit à l'éducation, etc. Dans de nombreux pays, les femmes sont encore considérées comme des êtres inférieurs. En Iran ou en Afghanistan, mais aussi dans des pays d'Afrique, elles peuvent être mariées de force. Et l'accès à des postes à responsabilité leur est interdit ou rendu difficile.

Responsabilité partagée

La situation des enfants est elle aussi très inquiétante. L'Organisation internationale du travail (OIT) estime que, dans le monde, 1 enfant en âge d'aller à l'école sur 5 n'est pas scolarisé. Pourtant, on connaît l'importance de la maîtrise du langage et de l'écrit pour obtenir un emploi et trouver sa place dans la société. Le travail des enfants prive ces derniers d'éducation et limite donc leurs chances de sortir de la pauvreté. Il doit être banni. Malgré tout, le supprimer du jour au lendemain serait dangereux : priver leurs familles de ces revenus pourrait les empêcher de survivre. Une solution de compromis consiste à aménager des plages horaires pour l'éducation des enfants tout en améliorant leurs conditions de travail.

Les travailleurs aussi sont quelquefois privés de leurs droits, comme celui d'appartenir à un syndicat. Certains États, se référant à l'OIT, se sont entendus sur un minimum de droits à respecter concernant les travailleurs. Mais des millions d'entre eux continuent d'être exploités et voient leurs droits violés : non-respect des horaires de travail, cadences infernales, heures supplémentaires obligatoires, salaires au-dessous des minima légaux, licenciements abusifs... C'est le cas dans de nombreux pays : Inde, Chine, Thaïlande, Philippines, Colombie, Équateur, Liberia, Lesotho...

Les États sont directement responsables du non-respect des Droits de l'homme sur leur territoire. Mais ils ne sont pas les seuls en cause. Les firmes multinationales ont également leur part de responsabilité en acceptant de sous-traiter des travaux à des entreprises qui ne respectent pas les droits de leurs travailleurs ou en ne les respectant pas elles-mêmes. De la même façon, en tant que consommateurs, nous nous rendons complices de cette situation en achetant des biens produits par des entreprises peu scrupuleuses.

C'est dans les pays les plus pauvres, où ils doivent travailler pour soutenir leur famille, que les enfants sont le moins scolarisés. Des associations et des organisations internationales, comme l'Unicef, organisent des cours du soir, mais l'aide publique est encore insuffisante pour permettre la scolarisation de tous les enfants.

Jeunes élèves dans une classe au Cambodge. Après des années de guerre civile, le pays est à reconstruire. L'éducation des enfants, qui représentent plus de 40 % de la population, est un des enjeux essentiels de cette reconstruction.

Scolarisation et travail des enfants

Taux brut de
scolarisation
en 2003 en %

plus de 100
de 90 à 100
de 50 à 90
moins de 50
sans données

Travail des enfants

âge légal minimal
d'embauche
rarement respecté

2

IL EST URGENT D'AGIR

Nos modes de production et de consommation de masse échouent à réduire les inégalités et la pauvreté dans le monde.

Mais d'autres constats assez pessimistes obligent à réagir : diminution des ressources naturelles disponibles, réchauffement de la planète, pression démographique et, enfin, menaces sur la diversité biologique et culturelle.

Nos ressources naturelles s'épuisent

Notre mode de vie occidental repose en grande partie sur l'exploitation des ressources naturelles : l'eau, le pétrole, le gaz... Or ces ressources sont épuisables. La Terre est aux trois quarts recouverte d'eau, mais seule une infime partie de celle-ci est consommable. La quantité d'eau potable disponible par habitant est passée de près de 13 000 m³ en 1970 à 5 100 m³ aujourd'hui : des eaux ont été salies ou polluées par l'exploitation humaine et ne sont plus bonnes à la consommation, d'autres diminuent à cause de la surconsommation. L'agriculture et l'industrie, qui sont de grosses consommatrices d'eau douce, polluent les eaux souterraines et les rivières par leurs rejets de produits chimiques.

Les spécialistes estiment que nous n'avons plus que quarante années de réserve de pétrole dans nos sous-sols. Or ces prévisions s'appuient sur une consommation stable alors qu'elle est en augmentation constante. Ces quarante années sont donc une estimation plutôt optimiste. Nous ne pouvons plus fonder le développement de nos sociétés sur le pétrole, comme cela a été le cas pendant plus d'un siècle et demi. C'est pourquoi l'idée de « décroissance durable » a fait son apparition. Elle consiste notamment à privilégier les produits locaux plutôt que les produits importés de pays lointains, dont le transport par avion ou par bateau nécessite l'usage de carburants. Il existe aussi d'autres sources énergétiques pour remplacer le pétrole. Le gaz, par exemple, serait en mesure de subvenir aux besoins de la planète pour les années à venir tout en respectant mieux l'environnement, étant moins polluant que le pétrole. Mais remplacer une énergie non renouvelable par une autre ressource elle-même non renouvelable ne fait que repousser l'échéance.

Des solutions alternatives

L'espoir repose aujourd'hui en partie sur le développement d'énergies renouvelables : l'énergie solaire à partir de la lumière naturelle, l'énergie hydraulique produite grâce aux mouvements de l'eau, l'énergie éolienne tirée de la force du vent, la géothermie, qui exploite l'énergie contenue sous la terre, ou le biogaz, qui utilise la décomposition végétale. Mais ces nouvelles ressources ne seront pas suffisantes pour satisfaire l'ensemble des besoins de la planète. Il faudra aussi améliorer nos systèmes de production pour qu'ils fabriquent plus en consommant moins d'énergie. Il devrait être possible de vivre deux fois mieux en utilisant deux fois moins de ressources énergétiques en améliorant la qualité des équipements utilisés dans nos vies quotidiennes ou dans l'industrie.

En matière d'énergies renouvelables, ce sont des pays dits en développement qui donnent l'exemple. Ils disposent, il est vrai, de conditions naturelles nécessaires à l'exploitation de ce type d'énergies : durée d'ensoleillement favorable à la production d'énergie solaire, courants d'eau à fort débit propices au fonctionnement de centrales hydroélectriques, etc. Quant aux vieux pays industrialisés, ils peinent souvent à changer leurs habitudes.

L'assèchement rapide de la mer d'Aral, à la frontière entre le Kazakhstan et l'Ouzbékistan, est dû à un détournement des deux fleuves qui l'alimentaient pour l'irrigation de la culture du coton dans les années 1960. Les conséquences écologiques et sociales sont dramatiques : pollution de l'eau et de l'air, disparition de la faune marine, pêcheurs au chômage...

Les énergies renouvelables

**Part de la production
d'énergie renouvelable
en 2001, en %**

- plus de 50
- de 25 à 50
- de 10 à 25
- moins de 10
- données non disponibles

Notre planète se réchauffe

Depuis 1860, la température moyenne à la surface de la Terre a augmenté de 0,6 °C. Ce réchauffement s'est accéléré au cours des dernières années, qui sont parmi les plus chaudes de l'histoire de la planète. Les prévisions pour les cinquante années à venir tablent sur une augmentation de 2 à 6 °C. Ces quelques degrés supplémentaires suffisent à perturber l'équilibre climatique de la Terre. Ils peuvent entraîner la fonte des glaciers ou la hausse du niveau des océans, voire des catastrophes naturelles tels des cyclones ou des raz de marée... De plus, il s'agit d'une moyenne : des périodes de grand froid sont appelées à alterner avec des périodes de canicule.

L'homme est en grande partie responsable de cette situation. Le réchauffement climatique est dû principalement aux gaz dits « à effet de serre » émis par l'industrie, le chauffage, le transport... Ils sont appelés ainsi parce que, en suspension dans l'air, ils piègent les rayons solaires réfléchis par la Terre et les empêchent de s'échapper vers l'espace, un peu comme le feraient les vitres d'une serre. Ils sont indispensables à la vie car ils nous protègent contre les rayons ultraviolets, particulièrement dangereux pour notre santé. Cependant, leur forte augmentation finit par être nuisible : ils entraînent un réchauffement de la planète et altèrent la qualité de l'air que nous respirons.

Un projet de longue haleine

Le principal gaz à effet de serre est le dioxyde de carbone (CO_2), émis par les cheminées d'usines, les pots d'échappement des voitures, etc. La progression de ces émissions va en s'accélérant depuis cinquante ans. Le mode de vie des populations des pays développés en est la cause essentielle. En moyenne, un habitant des États-Unis émet chaque année 3 fois plus de gaz à effet de serre qu'un Français et 6 fois plus que la moyenne mondiale. Le réchauffement de la planète résulte de l'accumulation de ces gaz sur plusieurs décennies. Il est impensable d'inverser la tendance du jour au lendemain. Une action à long terme doit être menée par l'ensemble des États, à commencer par les pays anciennement industrialisés. C'est pour cela que plusieurs pays ont signé en 1997 un traité international appelé protocole de Kyoto, qui engage les pays industrialisés à réduire leurs émissions de CO_2 d'ici 2012. Seulement il n'a pas été ratifié par les États-Unis, principal pays émetteur de gaz à effet de serre.

Pour montrer les effets du réchauffement du climat, Bruce Molnia est retourné en Alaska sur des glaciers photographiés à la fin du xixᵉ siècle. Il a montré que 99 % des glaciers situés à une altitude inférieure à 1500 m sont en train de fondre, comme le glacier Muir que l'on voit ici. Il a également mis en évidence que les glaciers les plus élevés se renforcent, l'augmentation des températures causant de nouvelles précipitations qui se transforment en neige au-dessus de 2000 m.

Nous sommes de plus en plus nombreux sur Terre

Aujourd'hui, la planète compte plus de 6,5 milliards d'êtres humains contre 2,5 milliards il y a cinquante ans. D'ici 2050, lorsque les collégiens d'aujourd'hui accéderont à la retraite, la population mondiale aura atteint le chiffre de 8, voire 9 milliards d'habitants. Ainsi, d'ici 2050, la Terre comptera 3 milliards d'êtres humains en plus et donc 3 milliards de bouches supplémentaires à nourrir. Cette augmentation de la population entraînera ainsi une consommation accrue d'énergie pour se chauffer et se déplacer, la nécessité de construire de nouveaux logements… Autant de besoins qui risquent d'alourdir encore la pression que les hommes exercent sur l'environnement, que l'on appelle « empreinte écologique ». Cela ne fera qu'accentuer des phénomènes déjà très préoccupants : réchauffement de la planète, raréfaction des ressources naturelles non renouvelables, accumulation des déchets, augmentation des conflits autour de ressources comme l'eau ou réduction des surfaces agricoles sous l'effet de la déforestation et de l'élevage intensif. Cette situation est d'autant plus alarmante que c'est dans les pays pauvres, qui n'ont pas les moyens d'apporter nourriture, sécurité sanitaire et éducation à leur population, que la fécondité est la plus forte.

Faut-il limiter les naissances ?

Devant cette explosion démographique, pourquoi ne pas limiter le nombre des naissances ? Cette idée n'est pas nouvelle. Elle est qualifiée de malthusianiste, en référence à la théorie énoncée en 1798 par l'Anglais Thomas Malthus. Selon lui, la population progresse de façon beaucoup plus importante que les richesses. Il arrivera donc un moment où celles-ci seront insuffisantes pour nourrir l'ensemble de la population. Cette théorie ne tenait pas compte de la progression inattendue de la production de biens agricoles : les progrès techniques de la révolution agraire ont permis d'augmenter les rendements des terres et de nourrir de plus en plus de gens. Malgré cela, la population mondiale est encore bien trop souvent confrontée à des famines ou à des problèmes de malnutrition. On estime, au niveau mondial, qu'environ 1 habitant sur 5 souffre d'une alimentation insuffisante.

D'ici à 2025, la population des villes aura doublé. Elle atteindra 5 milliards de personnes, soit 6 humains sur 10. Cette concentration urbaine pose de nombreux problèmes : pollution de l'air, habitat insalubre, insécurité, exclusion…
Ici, un quartier de la mégalopole de Tokyo qui, avec ses 26,5 millions d'habitants, représente l'agglomération la plus peuplée, suivie de São Paulo (18,3), Mexico (16,8) et New York (16,3).

Menaces sur la diversité biologique et culturelle

Depuis que la vie existe sur Terre, des espèces animales et végétales n'ont cessé d'apparaître tandis que d'autres disparaissaient. La volonté de préserver une espèce à tout prix ne se justifie donc pas nécessairement. Seulement, depuis quelques années, le nombre d'espèces menacées tend à s'accroître. On estime à plus de 7 000 le nombre d'espèces animales menacées de disparition à brève échéance (près de 1 espèce de mammifères sur 4 et plus de 1 espèce d'oiseaux sur 10). Quant aux espèces végétales en péril, elles seraient plus de 8 300. Ces chiffres sont en progression régulière. Or, quand une espèce animale ou végétale s'éteint, c'est l'équilibre du milieu naturel qui est fragilisé, la survie des autres espèces dépendant d'elle étant à son tour menacée.

Certaines espèces ont disparu, victimes de l'attitude prédatrice d'autres espèces. Mais de nombreuses autres ont disparu sous l'effet d'actions humaines directes (chasse d'animaux en voie de disparition, surexploitation des fonds marins par les pêcheurs, etc.) ou indirectes (catastrophes industrielles, pollutions, déforestation, etc.). Les atteintes de l'homme ont varié selon les périodes de l'histoire ou les régions géographiques. Ce sont les territoires qui ont connu une augmentation brutale de la présence humaine – les îles en particulier – qui ont pâti de l'extinction du plus grand nombre d'espèces.

Préserver la diversité culturelle

La diversité des espèces animales et végétales n'est pas la seule à être menacée par l'intense développement économique de nos sociétés : la diversité culturelle l'est aussi. Avec l'intensification constante de la mondialisation, jamais les biens, les services et les idées n'ont circulé aussi librement, et jamais les cultures n'ont étés si étroitement liées. Pourtant, paradoxalement, la mondialisation fait peser une lourde menace sur la diversité des cultures. La prédominance des pays riches, notamment des États-Unis, et donc de leur modèle économique, entraîne une prédominance de leur modèle culturel. La nécessité d'appréhender des marchés globaux incite à la concentration et à la production de biens et services uniformisés, y compris dans le domaine de la culture. Ce sont les pays développés, par exemple, qui possèdent la maîtrise des outils culturels (Internet, médias, cinéma...) et donc de la diffusion des idées. Or il ne peut y avoir de mondialisation possible et viable sans le respect et la préservation de la diversité des cultures, des langues, des systèmes de connaissance et des visions du monde...

En Alaska, la communauté Inuit de l'île de Shishmaref est menacée par la fonte des glaces et l'érosion du rivage, dues au réchauffement du climat. Dans un futur proche, ils devront sans doute déménager en ville. Leur mode de vie et leurs traditions, liés à leur environnement et à la chasse au phoque, seront alors voués à la disparition.

Les îles Galapagos, au large de l'Équateur, inhabitées jusqu'au XXe siècle, renferment de nombreuses espèces uniques, comme la tortue des Galapagos, la plus grosse tortue terrestre. Mais le peuplement, qui augmente chaque année, le tourisme, et l'introduction de nouvelles espèces par l'homme menacent ces espèces fragiles. Il ne reste aujourd'hui que 15 000 tortues, sur une population estimée à 250 000 environ avant le peuplement des îles.

2

IL EST URGENT D'AGIR

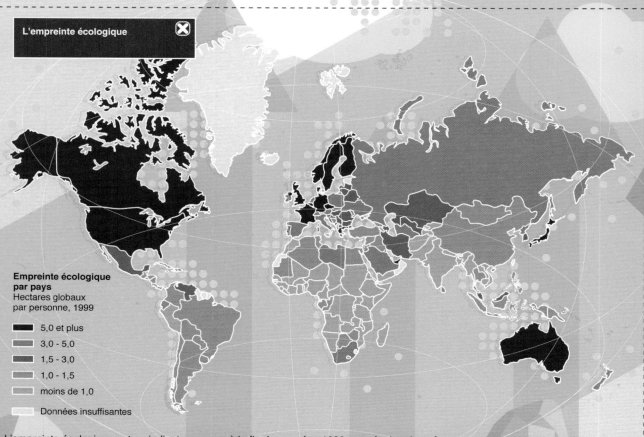

L'empreinte écologique

Empreinte écologique par pays
Hectares globaux par personne, 1999

- 5,0 et plus
- 3,0 - 5,0
- 1,5 - 3,0
- 1,0 - 1,5
- moins de 1,0
- Données insuffisantes

L'empreinte écologique est un indicateur conçu à la fin des années 1990 pour évaluer le coût que nos modes de vie représentent pour la planète. Il représente le nombre d'hectares (ha) nécessaires pour satisfaire nos besoins (de consommation, de logement, de chauffage, de transports, etc.). Ainsi, un Européen utilise en moyenne 5 ha, un Nord-Américain 10 ha. Or, la Terre compte aujourd'hui 6,5 milliards d'habitants, ce qui fait une superficie moyenne disponible de 1,5 ha par habitant (si on ne retient que les terres exploitables). Donc si tous les habitants de la Terre avaient le même mode de vie qu'un habitant d'un pays développé, il faudrait 3 à 4 planètes supplémentaires…

Évolution des empreintes écologiques

En 2002	États-Unis	Europe	Japon	Chine	Inde
Évolution entre 1992 et 2002	+ 21 %	+ 14 %	+ 6 %	+ 24 %	+ 17 %
Empreinte écologique par personne (en hectares)	9,7	4,7	4,8	1,6	0,8
Empreinte écologique totale (en milliards d'hectares)	2,81	2,16	0,54	2,05	0,78

RAYONNEMENT SOLAIRE

ATMOSPHÈRE

EFFET DE SERRE :
RÉFFLEXION
DE L'INFRAROUGE

RAYONNEMENT
INFRAROUGE
ÉMIS PAR LA TERRE

Effet de serre ⊗

Le gaz carbonique (CO_2) représente 60 % des gaz
à effet de serre rejetés par les activités humaines
(transports, industries, chauffage...). Face à la menace
de changement climatique dû à l'effet de serre,
les pays industrialisés, à l'exception de l'Australie
et des États-Unis, se sont engagés à réduire
de 5,5 % leurs émissions de CO_2 d'ici 2012.

Émisssions de dioxyde de carbone ⊗

En 2004	États-Unis	Europe	Japon	Chine	Inde
Évolution des rejets de CO_2 entre 1990 et 2004	+ 19 %	+ 6 %	+ 23 %	+ 67 %	+ 88 %
Rejet de CO_2 par personne (en tonnes)	5,5	2,5	2,7	0,8	0,3
Émissions totales de CO_2 (en millions de tonnes)	1616	995	338	1021	301

3

AUX ORIGINES DU DÉVELOPPEMENT DURABLE

Les hommes n'ont pas attendu le rapport Brundtland de 1987 consacré
au développement durable pour se préoccuper de l'impact de leurs activités sur l'environnement et la société.

Dès l'Antiquité, des penseurs se sont alarmés du creusement des inégalités entre les hommes ou des dégâts infligés à la nature.

Une petite leçon de philosophie

Dès l'Antiquité, les hommes se sont préoccupés de la dégradation de leur environnement. « Il y avait, sur les montagnes, de grandes forêts dont il reste encore aujourd'hui des témoignages visibles. Si, parmi ces montagnes, il en est qui ne nourrissent plus que des abeilles, il n'y a pas bien longtemps qu'on y coupait des arbres propres à couvrir les plus vastes constructions. Le sol produisait du fourrage à l'infini pour le bétail [...]. » L'auteur qui s'exprime ainsi avec nostalgie est le célèbre philosophe grec Platon, qui a vécu entre environ 427 et 348 avant J.-C. On lui doit *La République*, un ouvrage dans lequel il décrit les conditions d'une cité idéale.

Plus près de nous, au XIXᵉ siècle, alors que la révolution industrielle est à son apogée, un mouvement à la fois littéraire et philosophique vante les vertus de la nature. Apparu en Nouvelle-Angleterre (nord-est des États-Unis), le transcendantalisme prend pour références les philosophies et spiritualités orientales et notamment l'hindouisme. Selon ses auteurs, les Américains Henry David Thoreau (1817-1862) et Ralph Waldo Emerson (1803-1882), c'est dans la nature que l'on peut saisir les vérités sur l'existence. Malheureusement, avec l'industrialisation et l'urbanisation des sociétés, les hommes ont eu tendance à s'éloigner de cette nature. Henry David Thoreau ira jusqu'à mettre ses idées en pratique en se retirant dans les bois de 1845 à 1847 pour y vivre au rythme de la nature.

Cette démarche a inspiré plusieurs initiatives en faveur de la protection de la nature telles que la création des parcs naturels, des lieux protégés contre l'exploitation des compagnies forestières, minières et ferroviaires. Le premier de ces parcs a vu le jour aux États-Unis en 1872. Il s'agit du fameux Parc national de Yellowstone. Bien d'autres seront créés par la suite, aux États-Unis, en Europe et dans le reste du monde.

Plus récemment, dans son *Principe responsabilité*, le philosophe allemand Hans Jonas (1903-1993) part du constat que la nature a été façonnée au fil des siècles par les activités humaines. Mais les hommes, par leur puissance technique, sont désormais en mesure de la détruire. L'homme est donc dorénavant responsable de cette nature mais aussi de ce qu'il va transmettre aux générations futures. Par sa réflexion, Hans Jonas est à l'origine du principe de précaution, contenu dans le développement durable. Un principe qui consiste, en cas d'incertitude sur les conséquences de projets potentiellement dangereux, à évaluer les risques avant de prendre toute décision.

Au nord-ouest des États-Unis, le site de Yellowstone, un territoire grand comme la Corse, a été déclaré en 1872 Parc national pour ses paysages exceptionnels. On y retrouve deux tiers des geysers de la planète, et de nombreuses espèces sauvages. C'est le premier site au monde à bénéficier de ces normes de protection. En 1978, il a été classé au Patrimoine mondial par l'Unesco.

Les grands courants écologistes

L'avenir de l'homme est profondément lié à celui de son environnement. L'homme ne peut nuire à son environnement sans mettre en péril ses propres conditions de survie. Cette idée est au cœur de ce qu'on appelle l'écologie. Cette discipline a été inventée au XIXe siècle par le biologiste allemand Ernst Haeckel (1834-1919). Au départ, il ne s'agit que d'une démarche scientifique qui tente de comprendre les rapports entre l'homme et son environnement naturel. Mais très vite, d'autres chercheurs s'intéressent aux rapports sociaux qui régissent les grandes métropoles. C'est ce qu'on appelle l'écologie urbaine, développée dès la fin du XIXe siècle par des sociologues de Chicago.

Il faudra cependant attendre les années 1960 pour qu'apparaisse en France et dans d'autres pays industrialisés une écologie dite politique, c'est-à-dire engagée dans les débats et la vie politiques, avec la création de mouvements ou de partis «verts». En France, la première participation d'un écologiste à l'élection présidentielle remonte à 1974, avec la candidature de René Dumont, agronome et spécialiste de l'agriculture. Depuis, des écologistes se présentent régulièrement aux élections. L'apparition de cette écologie politique a permis de créer, dès les années 1970, des ministères de l'Environnement, comme cela a été le cas en France en 1971.

Deux grandes écoles

On peut aujourd'hui distinguer deux grandes approches écologistes. D'une part, l'écologie politique, qui envisage une participation à la vie gouvernementale et qui peut recouvrir différentes tendances. D'autre part, l'écologie profonde : une approche plus radicale apparue dans les années 1970, en réaction aux abus des sociétés industrielles. Elle est appelée ainsi parce qu'elle va jusqu'à encourager des modes de vie renouant avec des pratiques traditionnelles comme la construction de maisons en bois.

Le développement durable doit davantage à la première approche écologiste mais envisage systématiquement l'environnement dans ses différentes dimensions : naturel bien sûr, mais aussi social, économique et politique. La différence fondamentale tient à l'importance que le développement durable accorde à la poursuite d'une croissance économique, c'est-à-dire à la création de richesses pour surmonter les inégalités qui existent dans le monde entre les hommes.

Dans les années 1970, les premiers candidats écologistes se présentent aux élections en France. En 1974, René Dumont est candidat à l'élection présidentielle, et en 1977, de nombreuses listes écologistes se présentent aux élections municipales. C'est au second tour de ce scrutin que ce militant, dénonçant la politique pro-nucléaire de la France, a été photographié.

Les prévisions des économistes

En 1966, l'économiste américain Kenneth Boulding déclarait : « Les pays riches sont des cow-boys qui exploitent la nature sans se soucier de l'épuisement des ressources. » Il comparait notre planète à un vaisseau spatial, c'est-à-dire un système fermé muni de réserves limitées, où l'on doit être extrêmement attentif à tout ce qu'on fait et économe de l'énergie qu'on utilise.

En 1972, d'autres experts publient un rapport à la demande du Club de Rome, un organisme créé en 1968 dans le but d'apporter des solutions pratiques aux problèmes planétaires. Devenu célèbre, ce rapport, intitulé « Halte à la croissance ? », est le premier à observer les conséquences du productivisme (la course à la production de masse) sur l'environnement. En conclusion, il recommande aux pays industrialisés une « croissance zéro » pour arrêter de surexploiter les ressources de la planète et permettre aux pays pauvres de rattraper leur retard.

Bien avant de parler de développement durable, des experts parlaient d'« éco-développement », un mot formé à partir d'« écologie » et de « développement ». Ce terme fut employé pour la première fois en 1972 à Stockholm, lors de la conférence des Nations unies sur l'environnement humain.

L'année suivante, un événement devait confirmer l'intérêt de cette première conférence internationale traitant de questions d'environnement : le premier choc pétrolier, c'est-à-dire l'augmentation brutale du prix du baril de pétrole. Entre octobre et décembre 1973, il est multiplié par 4, à la suite de l'interruption de l'approvisionnement décidé par les principaux pays producteurs pendant la guerre du Kippour (entre Israël et une coalition de pays arabes menée par l'Égypte et la Syrie).

Ce premier choc devait inciter les pays industrialisés à diversifier leurs sources d'approvisionnement tout en réduisant leur consommation de pétrole et en développant d'autres filières énergétiques (comme le nucléaire, en France). De leur côté, les constructeurs d'automobiles commencent à se lancer dans la conception de moteurs consommant moins de carburant. Mais, malgré un second choc pétrolier en 1979, les comportements des consommateurs comme des industriels peinent à changer durablement.

Depuis les années 1950, la consommation des pays développés a fortement augmenté. Les hypermarchés sont devenus des symboles de cette « société de consommation » que certains dénoncent aujourd'hui.

En 1979, la révolution islamique en Iran, puis la guerre Iran-Irak entraînent l'arrêt par ces deux pays de leurs exportations de pétrole. C'est le second choc pétrolier qui se traduit par une augmentation du prix du baril et une pénurie dans les pays développés, comme ici aux États-Unis. Cette situation montre l'extrême dépendance de nos sociétés par rapport au pétrole, alors que cette source d'énergie viendra sans doute rapidement à manquer.

La solidarité

La solidarité est une des valeurs clés du développement durable. Elle doit s'exercer envers les populations les plus pauvres, mais également envers les générations futures. Ainsi, faire l'histoire de la notion de développement durable, c'est aussi rappeler l'apport du solidarisme. Ce courant de pensée fait de la solidarité entre les individus la condition nécessaire à une société plus juste et plus harmonieuse. Il ne suffit pas que des individus vivent libres et égaux pour se rapprocher de cet idéal, encore faut-il qu'ils se montrent solidaires entre eux. Dès le XIXe siècle, le philosophe et homme politique Pierre Leroux (1797-1871) souligne le rôle de la solidarité dans les sociétés modernes. L'homme politique Léon Bourgeois (1851-1925), quant à lui, considérera le solidarisme comme une réponse à la pauvreté dans laquelle la révolution industrielle plonge les ouvriers.

Des applications concrètes

Sur le terrain, le solidarisme inspirera des initiatives visant à encourager l'entraide dans le monde du travail. Au XIXe siècle naissent les premières coopératives ouvrières, des entreprises ayant la particularité d'être dirigées par les ouvriers eux-mêmes. Apparaissent aussi les mutuelles, dans lesquelles des ouvriers mettaient en commun une partie de leur salaire pour subvenir aux besoins de celui qui serait victime d'un accident du travail. À partir des années 1960, de nouvelles initiatives visent à replacer le principe de solidarité au cœur de la vie économique. Dans le domaine du commerce, par exemple, les magasins Artisans du monde encouragent le commerce équitable dès les années 1970. Sur le plan touristique, plusieurs agences proposent des voyages qui s'attachent à faire profiter au maximum les populations visitées des retombées financières du séjour des touristes. Plus récemment, des initiatives ont appliqué ce principe de solidarité dans le domaine de la finance à travers, notamment, les « Cigales », des clubs d'investisseurs préférant placer leur argent dans des entreprises qui luttent contre l'exclusion.

Ces diverses initiatives peuvent être regroupées sous le terme d'« économie solidaire » et ont contribué, à leur façon, à réintroduire dans l'économie des principes de solidarité à l'égard des générations présentes et futures.

En 1859, Jean-Baptiste André Godin, qui emploie 300 personnes dans son usine à Guise (Aisne), entreprend la construction d'un « palais social », ou « familistère », pour lui-même et les familles de ses employés. Les logements sont organisés autour d'une cour couverte, et de nombreux services sont mis en commun : un lavoir, une crèche, une école, un théâtre et même une piscine.

En 1953, pour venir en aide aux plus démunis, l'abbé Pierre lance l'association Emmaüs : des communautés, lieux de réinsertion de personnes en difficulté, récupèrent, remettent en état et revendent des objets donnés par des particuliers. L'argent de ces ventes permet de soutenir de nombreux autres projets, comme l'aide au relogement ou le soutien lors de démarches administratives. La solidarité est la valeur commune à tous ces projets, elle est au fondement de l'adhésion à l'association.

4

LE DÉVELOPPEMENT DURABLE AUJOURD'HUI

Le développement durable s'inspire de nombreux courants de pensée, mais marque cependant un tournant dans sa tentative de prendre en compte des intérêts *a priori* difficilement conciliables.

Il se propose en effet de concilier la croissance économique avec la lutte pour la préservation de l'environnement et contre les inégalités entre les hommes en prenant mieux en compte la complexité du monde et la responsabilité humaine.

Concilier des intérêts divergents

Le développement durable vise à créer les conditions pour que les sociétés puissent continuer à produire des richesses, en veillant à ce qu'elles soient équitablement réparties à travers le monde ; en veillant aussi à ce que le développement ne nuise pas à l'environnement ni aux générations futures. Ces objectifs sont-ils conciliables ? Ne devrait-on pas renoncer à l'accumulation de richesses supplémentaires ? C'est l'idée que partagent les partisans de la « décroissance durable », qui recommandent de ralentir la croissance économique en limitant notre consommation. Mais, en matière de développement durable, rien n'est simple. La mobilisation de tous autour des trois piliers (économique, social et environnemental) nécessite d'être conscient des différents intérêts exprimés par les acteurs du développement durable : citoyens, États, entreprises... Chacun accorde plus ou moins d'importance à l'un de ces trois piliers.

Les projets d'aménagement urbain opposent souvent des intérêts environnementaux et économiques. Il y a quelques années, par exemple, le projet de construction d'une autoroute entre Le Mans et Tours fut retardé car la route devait traverser un massif forestier habité par des scarabées indispensables à l'équilibre du milieu naturel. En essayant de concilier l'économique et l'environnemental, une solution finit par être trouvée : on modifia le parcours de l'autoroute et on déplaça les scarabées, avec l'obligation de suivre pendant dix ans leur évolution grâce à des micro-émetteurs.

Organiser l'interdépendance

Le développement durable nécessite que les acteurs, aux intérêts différents, coopèrent. Mais le pari est ambitieux. S'il est possible de faire coopérer des individus, il est plus difficile de faire avancer ensemble des États, des villes et des entreprises. C'est tout l'enjeu de la « gouvernance » dont on parle depuis plusieurs années. Il s'agit d'une forme de gouvernement fondée sur une plus grande concertation entre les États et les organisations internationales mais aussi les entreprises, les ONG et les citoyens, autour d'objectifs communs. Il reste à vérifier que cette forme de gouvernement favorise une réelle implication de l'ensemble de ces acteurs, aussi bien à l'échelle des villes que des pays ou du monde.

Pour redynamiser des quartiers en difficulté, comme ici à Grigny dans l'Essonne, la France a inventé en 1997 le principe de « zone franche urbaine ». Cette mesure vise à encourager les entreprises à s'implanter dans ces zones en les exonérant de charges sociales et fiscales. En retour, elles s'engagent à ce qu'un tiers de leurs employés soient des habitants du quartier. Chacun y trouve son compte : l'État et les collectivités qui relancent ainsi l'activité d'une région, les entreprises qui embauchent à moindre coût et les citoyens qui retrouvent un emploi.

LE DÉVELOPPEMENT DURABLE AUJOURD'HUI

Intégrer la complexité du monde

Une autre originalité du développement durable est d'intégrer à ses réflexions la dimension complexe du monde dans lequel nous vivons. Dire que le monde est complexe ne veut pas dire qu'il est compliqué ou difficile à comprendre, mais simplement qu'il se compose de plusieurs éléments qui réagissent les uns aux autres.

En soi, la complexité du monde n'est pas nouvelle. On en prend plus facilement conscience aujourd'hui sous l'effet du développement des moyens de télécommunications à longue distance (Internet, transmission par satellite, etc.) et des transports (avions long-courriers, trains à grande vitesse, etc.), qui accélèrent la circulation de l'information et la répercussion des événements d'un point à l'autre du globe. Ainsi, notre vie quotidienne est régulièrement touchée par des événements qui se produisent à des milliers de kilomètres de chez nous : catastrophes naturelles, conflits militaires, crises économiques... Les destins des pays et ceux de leurs habitants dépendent les uns des autres. C'est ce que soulignait le titre du rapport Brundtland : « Notre avenir commun ».

Citoyens du monde

Un événement local peut avoir des répercussions planétaires. L'exemple de la forêt amazonienne illustre très bien ce propos. Depuis des années, la plus grande forêt du monde (située principalement au Brésil) est victime de son exploitation intensive et de la construction de routes qui menacent la survie des populations indiennes qui y vivent. Mais les conséquences de cette déforestation ne sont pas seulement locales, elles sont planétaires. En diminuant la superficie de cette forêt, on prive la planète d'un moyen de limiter les gaz à effet de serre. En effet, la végétation « verte » absorbe le CO_2 pour le transformer en glucides, à partir de l'eau et de la lumière du soleil. Ce mécanisme de la photosynthèse est possible grâce à la chlorophylle contenue dans les feuilles. En réduisant la couverture végétale de la planète, l'homme contribue ainsi indirectement au réchauffement du climat. Le développement durable concerne donc aussi bien les pays dits développés que les pays en développement. Son apparition a accompagné la reconnaissance de l'existence de « biens communs » comme l'eau, l'air ou encore la paix, et la prise de conscience que leur préservation passe par la mobilisation de tous.

Dans les forêts tropicales – ici en Malaisie –, la surexploitation des bois par les entreprises forestières accentue la déforestation. Chaque année, ce sont en moyenne 10 millions d'hectares de forêts qui disparaissent. Ce phénomène représente une menace pour la diversité biologique des régions, mais également pour l'équilibre écologique de la planète.

Dans les pays dits développés, les forêts sont habituellement bien entretenues et exploitées. C'est loin d'être le cas dans les pays en développement où elles sont souvent surexploitées. Pour enrayer ce processus, des associations ont conçu un label certifiant une gestion « durable » des forêts. Mais ces forêts « certifiées », indiquées sur cette carte, ne représentent encore qu'une faible proportion des surfaces forestières mondiales.

Les forêts certifiées

La forêt certifiée
% de la surface
forestière totale

- de 50 à 100
- de 10 à 50
- de 1 à 10
- moins de 1
- aucune

Penser global, agir local

L'esprit du développement durable est parfois résumé par l'expression : «Penser global, agir local.» «Penser global» rappelle que le développement durable s'applique à l'ensemble des domaines de l'existence humaine. Autrement dit, on ne peut envisager les aspects économiques indépendamment des aspects sociaux, environnementaux, politiques, culturels, etc. «Agir local» signifie que le développement durable peut s'appliquer à l'échelle d'un quartier, d'un village ou d'une ville à partir d'initiatives locales. Ces dernières sont souvent plus anciennes qu'on ne le pense. C'est le cas, par exemple, des initiatives en matière de microcrédit (des petites sommes d'argent prêtées à des personnes ou des groupes de personnes d'un même village afin de leur permettre de financer leur projet). Apparues à partir des années 1970, elles s'inspirent de pratiques associatives existant de longue date dans des sociétés africaines : les tontines (des groupes de personnes qui mettent leur épargne à disposition d'un membre du groupe sous forme de prêt). Depuis, le principe du microcrédit a été récemment introduit en France moyennant des adaptations pour tenir compte des besoins spécifiques des chômeurs et des RMistes.

Les différents niveaux d'action

Pour autant, le développement durable ne se limite pas à des actions locales. Son originalité est aussi d'envisager des programmes d'action à plusieurs échelles. Tout d'abord, au niveau international, à travers la coopération entre les États, les organisations internationales et les organisations non gouvernementales (ONG). Ensuite, au niveau national, à travers l'action de gouvernements, d'associations ou d'entreprises. Enfin, au niveau régional ou local, avec le soutien des élus.

La somme de toutes les initiatives menées en matière de développement durable au niveau local (d'une ville par exemple) ne débouche pas forcément sur un développement durable au niveau national ou même international. Des solutions adoptées dans une commune (la fermeture d'une usine polluante par exemple) ne font parfois que déplacer le problème ailleurs (le transfert de la production dans un autre pays moins exigeant en matière de protection de l'environnement, etc.). Il importe donc que les initiatives soient pensées à un niveau supérieur tout en étant adaptées au contexte local.

Le microcrédit a été initié sous sa forme actuelle par la Grameen Bank au Bangladesh au début des années 1980. Depuis, ce système a été mis en place dans d'autres pays en développement, comme ici au Kenya, mais également dans les pays développés où il permet de financer les projets des plus pauvres.

Dans les pays très arides d'Afrique occidentale, comme ici au Niger, l'approvisionnement en eau est très limité et repose en partie sur les pluies. Ces femmes participent à la construction de digues servant à favoriser l'infiltration de l'eau dans le sol et permettant sa récupération.

4

LE DÉVELOPPEMENT DURABLE AUJOURD'HUI

Près de quinze ans après le sommet de la Terre de Rio, la situation ne s'est guère améliorée sur le plan social, un des trois piliers du développement durable qui veille à replacer l'être humain au centre de toutes les préoccupations. Au niveau international comme au niveau national, les inégalités entre les êtres humains persistent, et l'on n'a pas les mêmes possibilités de développement et d'épanouissement selon que l'on naît ici ou là, selon son origine ethnique ou sociale, selon que l'on est homme ou femme... Or, on ne peut séparer le bien-être du monde de celui de la personne humaine.

À ce titre, le développement durable reprend à son compte les droits fondamentaux de l'être humain tels qu'ils sont inscrits dans la Déclaration universelle des droits de l'homme : le droit de prendre part aux affaires publiques, le droit au travail dans des conditions décentes, le droit à un salaire égal pour un travail égal, le droit à un niveau de vie suffisant pour assurer sa santé, le droit aux soins, le droit à l'éducation, le droit à vivre libre et en sécurité... Le développement durable rend l'épanouissement humain indissociable du développement social, économique, et de la préservation de l'environnement.

Favoriser l'égalité des chances

Le développement durable ne vise pas à gommer les spécificités humaines, mais à faire disparaître les situations de pauvreté, d'inégalité sociale, de discrimination... À l'échelle de la planète, combattre les inégalités Nord-Sud nécessite le renforcement de systèmes de solidarité, la réflexion autour d'un autre mode de commerce mondial, l'augmentation de l'aide publique au développement, la lutte pour la démocratie, la réduction de la dette des pays sous-développés. Au sein même des sociétés développées, comme la France, où persistent le chômage, l'insécurité de l'emploi, les tensions sociales, les difficultés d'accès au logement, cela passe par la cohésion sociale, le respect de la dignité de l'homme et de la femme, la parité, la solidarité entre les plus riches et les plus démunis, le respect des personnes handicapées, ou encore l'intégration des populations issues de l'immigration.

Le premier pays à avoir accordé le droit de vote aux femmes est la Nouvelle-Zélande en 1893. La non-reconnaissance du droit de vote va souvent de pair avec de mauvaises conditions de vie des femmes : c'est au Yémen et en Arabie Saoudite que la différence de condition entre les hommes et les femmes est la plus grande. Cette différence se mesure en termes d'espérance de vie, de taux d'alphabétisation et de scolarité ainsi qu'en termes de revenu.

Le 6 mars 2005, 500 manifestants se réunissent à Ankara pour célébrer en avance la Journée des femmes. La manifestation est dispersée violemment par les forces de l'ordre. En Turquie, les femmes ont obtenu le droit de vote en 1934, mais continuent à subir des violences, et les contestations sont parfois réprimées par l'armée.

4

Le droit de vote des femmes

Période d'acquisition
effective du droit de vote
pour les femmes

après 1970

entre 1950 et 1970

entre 1930 et 1950

avant 1930

droit de vote des femmes
non reconnu

sans données

LE PILIER ÉCONOMIQUE

L'aide publique au développement ⊗

Cette carte a été établie à partir des dons financiers et de l'assistance technique et matérielle accordée par les pays développés aux pays en développement. Les Nations unies ont invité ses pays membres les plus développés à consacrer au moins 1 % de leur produit national brut (PNB) à cette aide (autrement dit un centième des revenus réalisés au cours d'une année). Pour l'heure, l'aide accordée représente à peine 0,25 %… Les pays les plus pauvres sont dépendants de cette aide, sur laquelle repose parfois une part très importante de leur économie.

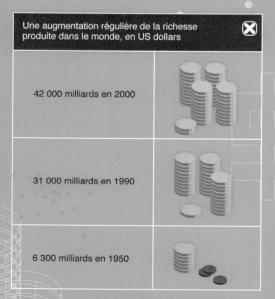

Une augmentation régulière de la richesse produite dans le monde, en US dollars ⊗

42 000 milliards en 2000	
31 000 milliards en 1990	
6 300 milliards en 1950	

La richesse produite est évaluée grâce au Produit Intérieur Brut (PIB) de chaque pays, c'est-à-dire l'ensemble des biens et services produits en une année sur le territoire d'un pays. Malgré de fortes disparités nationales, cet indice a suivi une croissance exponentielle au niveau mondial depuis la fin du XVIIIe siècle, soit depuis la première révolution industrielle.

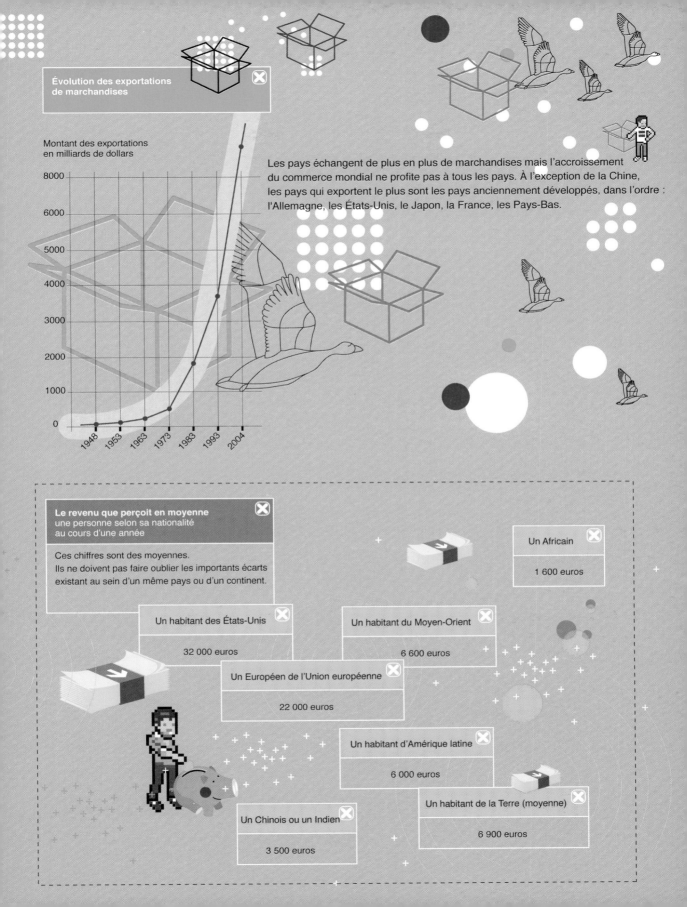

Évolution des exportations de marchandises ⊗

Montant des exportations
en milliards de dollars

8000
6000
5000
4000
3000
2000
1000
0

1948 1953 1963 1973 1983 1993 2004

Les pays échangent de plus en plus de marchandises mais l'accroissement du commerce mondial ne profite pas à tous les pays. À l'exception de la Chine, les pays qui exportent le plus sont les pays anciennement développés, dans l'ordre : l'Allemagne, les États-Unis, le Japon, la France, les Pays-Bas.

Le revenu que perçoit en moyenne ⊗
une personne selon sa nationalité
au cours d'une année

Ces chiffres sont des moyennes.
Ils ne doivent pas faire oublier les importants écarts existant au sein d'un même pays ou d'un continent.

Un Africain ⊗

1 600 euros

Un habitant des États-Unis ⊗

32 000 euros

Un habitant du Moyen-Orient ⊗

6 600 euros

Un Européen de l'Union européenne ⊗

22 000 euros

Un habitant d'Amérique latine ⊗

6 000 euros

Un habitant de la Terre (moyenne) ⊗

6 900 euros

Un Chinois ou un Indien ⊗

3 500 euros

5

LES OUTILS DU DÉVELOPPEMENT DURABLE

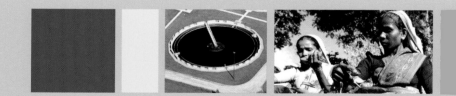

Le développement durable n'a de sens que s'il mène à des actions concrètes. Pour ce faire, les outils disponibles ne manquent pas.

Ils vont des Agendas 21 au commerce équitable en passant par de nouvelles manières de voyager, de se déplacer, de produire, d'habiter… Ils peuvent s'appliquer à tous les niveaux, du local à l'international.

L'Agenda 21

Pour que le développement durable ne reste pas une idée abstraite, les États se sont dotés d'une sorte de mode d'emploi pratique. En 1992, lors du sommet de la Terre de Rio, 173 pays (sur les 200 que compte la planète) adoptent l'Agenda 21. Il s'agit d'une déclaration qui fixe un programme d'actions pour le XXIe siècle – d'où son nom d'Agenda 21 – afin de progresser vers un développement durable au niveau planétaire. Composé de 40 chapitres, cet Agenda 21 propose des stratégies et des conseils (jusqu'à 2 500) dans plusieurs domaines d'action. Tout d'abord, il concerne le développement social et économique à travers la lutte contre la pauvreté et contre les grandes épidémies, comme celles du choléra ou du Sida. Il fait aussi la promotion d'un habitat, d'une consommation ou d'un tourisme dits durables, c'est-à-dire qui s'efforcent de respecter les principes du développement durable. Des actions doivent également être initiées en ce qui concerne la conservation et la préservation des ressources, en luttant contre l'épuisement des sols et la déforestation ou en préservant la biodiversité. Enfin, dans le domaine des connaissances, l'Agenda 21 encourage l'éducation et les transferts de technologies des pays développés vers les pays en développement. Ces différentes stratégies d'action nécessitent bien sûr l'implication de nombreux acteurs de la société civile : ONG, syndicats, élus, chercheurs, entrepreneurs, etc.

Une déclinaison locale

Un des prolongements de cet Agenda 21 est la mise en place d'Agendas 21 locaux, qui permettent ainsi à des villes, des départements ou des régions, et à leurs habitants, d'appliquer à leur niveau ce concept global de manière très concrète. En France, leur mise en œuvre est assurée par le Comité 21, qui, depuis sa création en 1995, veille à la cohérence des initiatives menées par les entreprises, les écoles, les associations, les municipalités... Récemment, des Agendas 21 scolaires ont été mis en place dans l'idée d'encourager la mobilisation des enseignants et des élèves. Ainsi, au lycée Dupuy-de-Lôme, à Lorient, des élèves ont réalisé, à partir de 2002, un diagnostic de leur lycée à travers des enquêtes, des reportages photographiques et des sondages autour de thèmes allant de l'état général des bâtiments en passant par les économies d'énergie, l'isolation phonique, les espaces verts, l'eau, les déchets et enfin les transports et la solidarité.

Les Agendas 21 encouragent la mise en œuvre concrète du développement durable dans tous les domaines, notamment celui du tri et du recyclage. Dans les stations d'épuration, comme celle-ci au Canada, les eaux usées passent par différents bassins de filtration et de décantation avant d'être rejetées propres dans le milieu naturel.

Le commerce équitable

Il s'agit pour les consommateurs des pays du Nord d'acheter des produits (thé, café, chocolat, textiles...) aux petits producteurs des pays du Sud à des prix supérieurs à ceux du marché mondial, en contrepartie de quoi ces producteurs s'engagent à respecter l'environnement et les droits des travailleurs. Ils se voient ainsi assurés de bénéficier d'un revenu décent en échange de leur travail. Cette forme de commerce dit équitable permet de lutter contre les effets pervers du commerce international qui met en concurrence petits et gros producteurs, obligeant les plus faibles à vendre à des prix inférieurs à leurs prix de revient réels.

Les débuts du commerce équitable remontent aux années 1960, avec la création de « boutiques du monde » (appelées Artisans du monde en France), spécialisées dans l'importation de produits en provenance de pays pauvres. Peu à peu, leur gamme s'est sensiblement élargie. Au café se sont ajoutés d'autres produits alimentaires tels que le chocolat ou la banane, puis des articles textiles. D'autres conceptions du commerce équitable se sont imposées depuis, dont le label Max Havelaar, inventé à la fin des années 1980 aux Pays-Bas. Aujourd'hui, des enseignes de la grande distribution proposent des rayons de produits équitables et conçoivent même leurs propres labels. De leur côté, des entreprises s'engagent également à produire des articles à partir de matières premières équitables.

Un nouveau mode de vie

Malgré ses résultats positifs, le commerce équitable ne représente encore qu'une goutte d'eau dans l'océan du commerce mondial. Les quelques rayons que les grandes surfaces lui réservent ne sauraient faire oublier les kilomètres de linéaires remplis de produits de consommation classiques. De plus, on peut reprocher au commerce équitable de favoriser l'importation de biens dont le transport sur de longues distances contribue à la pollution. Consommer « équitable » ne doit pas faire oublier de consommer « local ».

Cependant, le commerce équitable contribue à faire évoluer les mentalités en faisant prendre conscience qu'un acte d'achat effectué à côté de chez soi peut avoir des effets à des milliers de kilomètres de là. Il rappelle aussi que tout consommateur dispose d'un pouvoir d'action qui, ajouté à celui de tous les consommateurs du monde, pourrait peser sur le cours des choses.

Ces femmes récoltent du thé biologique qui sera vendu dans le cadre du commerce équitable. La mise en place de ce commerce dans la région a permis une amélioration des conditions de vie : consultations médicales, installations sanitaires, aide au développement économique par des formations à la couture...

Pour un prix de vente au consommateur à peine supérieur en moyenne, le label Max Havelaar, garantit aux producteurs une somme quatre fois plus élevée que le commerce classique, notamment en réduisant les coûts d'importation, de torréfaction et de distribution, ainsi que les sommes versées aux intermédiaires.

5

Décomposition du prix d'un paquet de café

Système traditionnel		Système Max Havelaar
1,8 à 3 €	Prix de vente en grande surface	2,3 à 3,35 €

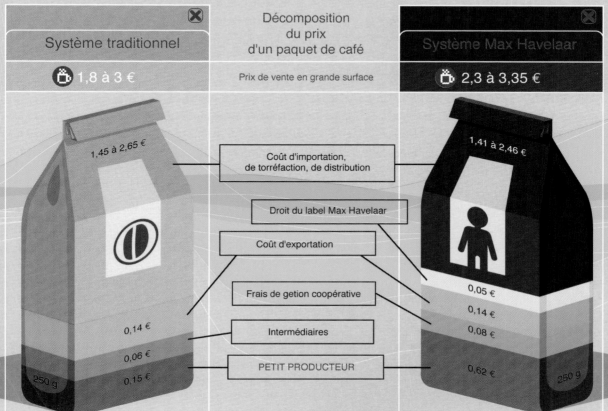

Système traditionnel — 250 g

- 1,45 à 2,65 € — Coût d'importation, de torréfaction, de distribution
- 0,14 € — Coût d'exportation
- 0,06 € — Intermédiaires
- 0,15 € — PETIT PRODUCTEUR

Système Max Havelaar — 250 g

- 1,41 à 2,46 € — Coût d'importation, de torréfaction, de distribution
- 0,05 € — Droit du label Max Havelaar
- 0,14 € — Coût d'exportation
- 0,08 € — Frais de getion coopérative
- 0,62 € — PETIT PRODUCTEUR

Source : Max Havelaar France, février 2003 (prix calculé sur une moyenne, pour un arabica lavé d'Amérique latine).

Une industrie responsable

L'industrie est souvent perçue comme la principale cause de la dégradation de l'environnement tandis que l'écologie recouvre les domaines de la protection de la nature. En réalité, l'écologie s'applique également aux industries en les concevant comme des écosystèmes, à partir de l'idée que les déchets de certaines entreprises sont en mesure de servir de ressources à d'autres entreprises. Par exemple, la chaleur dégagée par une usine sidérurgique peut assurer le chauffage de ses propres locaux ou chauffer d'autres entreprises. Cette approche, appelée justement écologie industrielle, a été lancée dans les années 1980 par deux cadres américains de General Motors, le premier producteur mondial de voitures. Depuis, le Suisse Suren Erkman, biologiste de formation, a contribué à la diffuser à travers le monde. Elle s'applique à l'ensemble des activités humaines tournées vers la production de biens matériels et de services, à travers la transformation et l'utilisation de matières premières.

Une réflexion citoyenne

Au-delà des solutions techniques qu'elle propose, l'écologie industrielle amène les entreprises à apprendre à travailler ensemble, même lorsqu'elles sont concurrentes, pour trouver des solutions communes aux problèmes qu'elles rencontrent. On parle pour cette raison de « coo-pétition », une contraction de « coopération » et de « compétition ».

Les applications concrètes vont au-delà de la lutte contre la pollution ou le recyclage des déchets. En France, par exemple, des entreprises se sont concertées pour organiser la collecte du courrier à tour de rôle afin de réduire les coûts de transport et donc les émissions de gaz à effet de serre.

De manière plus générale, l'écologie industrielle amène les industriels à dresser un écobilan de leur production, c'est-à-dire à prendre en compte la totalité de l'énergie consommée pour la fabrication d'un bien, y compris celle nécessaire à l'acheminement des matières premières.

Mais les industriels ont également un rôle à jouer plus en amont. L'écoconception, par exemple, consiste à recourir à des matières premières et à des ressources énergétiques sans risques pour l'environnement, à sélectionner des matériaux et des composants plus résistants ou facilement recyclables, à simplifier les emballages, à réfléchir aux conditions de transport, etc. L'écoconception ne vise pas nécessairement l'invention de nouveaux produits mais l'amélioration de ceux déjà existants.

Mis en place il y a 30 ans, l'écoparc de Kalundborg, au Danemark, associe plusieurs sites industriels et la municipalité de Kalundborg. Il permet de diminuer de 20 000 tonnes par an la consommation de pétrole, de 2,9 millions de m^3 la consommation d'eau, et d'économiser 15 millions d'euros par an.

L'écologie industrielle considère un site industriel comme un écosystème et prend en compte la totalité des flux de matières dans ce site et dans la région proche. Une centrale hydroélectrique, par exemple, produit de l'eau tiède qui peut servir au chauffage d'une agglomération, une usine peut produire des déchets chimiques réutilisés par une autre, etc.

L'écologie industrielle ou l'art d'exploiter les flux de matières et d'énergie

Flux des matières : matières premières, déchets, résidus de production...

Produits et biens de consommation

Mise en commun de moyens, services partagés

Matières premières

eau, chaleur

production de biens de consommation

SUPERMARCHÉ

bois

chaleur

chaleur

plastique

papier, carbon acier recyclés

bois

bois

déchets non-recyclables

fin de vie

recyclage

Un mode de vie « durable »

De nombreux domaines sont concernés par le développement durable. Le tourisme, par exemple, constitue un enjeu majeur du développement durable quand on compte chaque année près de 700 millions de séjours touristiques à l'étranger. Ils seront 1,6 milliard d'ici 2020. Dans nos sociétés contemporaines, voyager est devenu un besoin. Avec le progrès des transports et l'élévation du niveau de vie, le tourisme massif a connu ces trente dernières années un développement sans précédent. Des flux de plus en plus importants, des touristes exigeant toujours plus de confort et d'équipements sophistiqués ont nécessairement une influence sur l'environnement et la physionomie des pays visités – influence parfois néfaste. En même temps, le tourisme permet aussi le développement de l'activité économique, l'arrivée de capitaux et donc une croissance locale ou régionale. Tourisme et développement durable ne sont donc pas nécessairement antinomiques : il s'agit pour le voyageur d'être conscient, responsable et respectueux ; il s'agit pour les régions visitées de ne pas se défigurer en cédant aux sirènes d'un argent vite gagné.

Le tourisme durable consiste ainsi à envisager son séjour dans les pays en développement comme une contribution au développement local. De quelle façon ? Tout simplement en privilégiant l'hébergement chez l'habitant ou dans des hôtels qui rémunèrent décemment leur personnel, en économisant les ressources naturelles, en particulier l'eau, mais aussi en encourageant des initiatives comme la création d'écoles dans des pays où le travail des enfants est encore la règle. Dès les années 1950, des agences de voyages se sont spécialisées dans un tourisme « utile » appelé alors alternatif, solidaire ou encore équitable.

Une affaire de famille

Cependant, le tourisme durable va plus loin. Il souhaite mobiliser d'autres acteurs que les consommateurs, à commencer par l'industrie du tourisme elle-même : tour-opérateurs, chaînes hôtelières, compagnies aériennes… Aujourd'hui, plusieurs de ces acteurs se sont dotés de chartes et de labels garantissant des prestations plus attentives au développement des sociétés d'accueil. Seulement, ces chartes et labels n'ont pas de caractère obligatoire. Les entreprises ne sont en aucun cas menacées de sanctions si elles ne les appliquent pas. Les États ont donc dans ce domaine un rôle concret à jouer, en adoptant des lois plus contraignantes pour ces entreprises.

Le tourisme de masse nécessite de nombreuses infrastructures et occasionne des pollutions et des dégradations. Dans certaines régions, les côtes ont été sacrifiées au profit du bétonnage, comme ici à Alexandrie en Égypte. Certains pays, comme la France avec la loi Littoral, ont pris des mesures pour protéger leurs sites naturels. Mais les pays les plus pauvres ne peuvent pas mettre en place ce type de protection.

Des groupes de touristes se font photographier devant l'Acropole d'Athènes. Dans le tourisme de masse, la découverte d'un pays est souvent balisée et limitée à la visite des grands monuments. Le photographe Martin Parr se moque ici de ces travers en mettant en scène la traditionnelle photo souvenir.

LES OUTILS DU DÉVELOPPEMENT DURABLE

6

LES ACTEURS DU DÉVELOPPEMENT DURABLE

Aujourd'hui, on ne compte plus les organisations internationales, les États et les gouvernements, les collectivités locales (municipalités, départements, régions...), les entreprises ou les associations qui affichent leur volonté de contribuer au développement durable.

Malgré leurs intérêts parfois divergents, il leur faut apprendre à travailler ensemble.

Les États et les organisations internationales

Les États sont des acteurs essentiels du développement durable. C'est à eux que revient le soin de mettre en œuvre l'Agenda 21. Ils disposent pour cela de plusieurs moyens d'action. En plus de voter des lois, ils peuvent donner l'exemple en incitant leurs administrations à s'approvisionner en produits issus du commerce équitable ou en véhicules propres. Ils peuvent aussi coopérer avec d'autres États pour définir de nouvelles règles à l'échelle de la planète. Plusieurs organisations internationales, dépendant pour la plupart de l'Organisation des Nations unies (ONU), ont pour rôle de faciliter la coopération des États : le Programme des Nations unies pour l'environnement (PNUE), l'Organisation mondiale de la santé (OMS), l'Unicef (le Fonds des Nations unies de secours d'urgence à l'enfance) ou l'Unesco (l'Organisation des Nations unies pour l'éducation, la science et la culture). On compte aujourd'hui près de 300 accords conclus par plusieurs États rien que dans le domaine de l'environnement. Ils vont du transport des matières nucléaires à la protection du thon ou des chauves-souris ! Malheureusement, ces accords sont le plus souvent peu contraignants. Aucune sanction n'est prévue pour les États signataires qui ne les respectent pas. Par ailleurs, certains accords essentiels n'ont pas été ratifiés par de nombreux pays. Ainsi, les États-Unis n'ont toujours pas signé le protocole de Kyoto, destiné à lutter contre l'émission de gaz à effet de serre.

Une bataille parallèle

De leur côté, des organisations non gouvernementales (ONG) participent au développement durable en luttant notamment contre les atteintes portées à l'environnement. Indépendantes des gouvernements, ces associations – comme le WWF (Organisation mondiale de protection de la nature), Greenpeace ou la fondation Nicolas-Hulot – ont un rôle important à jouer en ce qui concerne la coopération internationale. Traffic, par exemple, est un programme commun du WWF et de l'UICN (Union mondiale pour la nature). Il veille à ce que le commerce international des espèces sauvages ne menace pas leur survie.

Ces organisations jouent également un rôle d'aiguillon auprès des États et des organisations internationales, en dénonçant les manquements à leurs engagements ou en mettant à leur disposition leur expertise.

En 1963, face à la menace d'engloutissement des anciens temples égyptiens d'Abu Simbel par la construction du barrage d'Assouan, l'Unesco engage une campagne de sauvetage : les deux temples sont démontés et remontés à l'identique 65 mètres plus haut, dans une montagne artificielle. C'est de cette campagne que date l'entreprise de l'Unesco de référencement et de protection des sites classés au Patrimoine mondial de l'humanité.

Les villes, départements, régions...

En France, on ne compte plus les collectivités territoriales engagées dans le développement durable : municipalités, conseils généraux (gestion du département), conseils régionaux (gestion de la région) ou encore communautés de communes. La plupart de ces acteurs interviennent dans plusieurs domaines :

– l'habitat, avec la conception de logements utilisant des matériaux et des équipements répondant aux critères HQE (Haute Qualité environnementale). La difficulté est de parvenir à répondre à ces normes tout en n'augmentant pas les loyers, ce qui se traduirait par un éloignement des populations les moins aisées vers la périphérie des villes ;

– la circulation, avec des initiatives visant à réduire la pollution mais aussi à favoriser l'accès de la ville à tous, y compris aux personnes à mobilité réduite (handicapés, malvoyants, parents avec poussette, etc.). Pour cela, il s'agit d'encourager l'usage combiné des moyens de déplacement collectifs (bus, tramway, métro) ou individuels, qu'ils soient motorisés (voitures, motos) ou non (vélo, trottinette, marche à pied) ;

– le traitement des déchets. La plupart des communes ont mis en place des déchetteries et des systèmes de collecte des déchets recyclables : emballages ménagers, verre, papiers, etc. ;

– l'énergie, avec la promotion d'énergies renouvelables comme la géothermie, l'énergie solaire ou éolienne.

Parallèlement, les collectivités territoriales essaient de sensibiliser la population française à travers des campagnes d'information sur le tri des déchets ou la possibilité de s'équiper en chauffage solaire... Au-delà, des dispositifs de concertation sont mis en place afin d'instaurer une « démocratie participative », c'est-à-dire une démocratie qui fait participer les citoyens pour les responsabiliser et leur permettre de prendre part au développement durable. En effet, celui-ci ne doit pas être imposé aux populations si l'on souhaite de leur part un concours efficace.

La communauté de Findhorn, en Écosse, a lancé en 1981 le projet Écovillage : 45 bâtiments respectant le plus possible l'environnement. Les objectifs de ce projet sont aussi sociaux : l'économie du village fonctionne sur le mode de la coopérative et de l'échange.

À Mulhouse, la Société mulhousienne des cités ouvrières (Somco) a fait appel à de grands architectes pour transformer une friche industrielle en logements sociaux. Pour un loyer équivalent aux HLM « classiques », ceux-ci ont privilégié la sécurité, l'échange (des rues piétonnes et des terrasses partagées entre plusieurs familles), et le cadre de vie (des habitations plus spacieuses, des espaces verts et de grandes baies vitrées), en utilisant des matériaux industriels récupérés. En bâtissant la « Cité manifeste », il s'agissait de changer radicalement l'image de l'habitat social.

LES ACTEURS DU DÉVELOPPEMENT DURABLE

Les entreprises et les ONG

Beaucoup d'entreprises proclament leur volonté d'agir en faveur du développement durable. Cette volonté répond d'abord à une nécessité pour elles puisqu'elles ne peuvent prospérer que dans un monde prospère. Cela passe, par exemple, par l'adoption de nouvelles normes de production (normes ISO) garantissant moins de pollution et une moindre consommation d'énergie. Cela implique également une gestion socialement responsable : respect du droit des travailleurs dans les entreprises sous-traitantes des pays en développement ou lutte contre les discriminations à l'embauche dans son propre pays. Enfin, certaines entreprises œuvrent en faveur de la préservation de l'environnement ou de la solidarité : campagnes de reforestation, interdiction des sacs plastique, dons à des associations humanitaires, etc.

La plupart des grandes entreprises disposent désormais d'une direction du développement durable et/ou d'une fondation menant des actions de mécénat en ce sens. Elles sont de plus en plus contraintes à cette évolution, tant par les pouvoirs publics que par les actions des ONG ou des associations de consommateurs. Même si les intentions affichées ne coïncident pas toujours avec la réalité des actes, les entreprises prennent de plus en plus conscience de la nécessité cruciale d'un développement économique plus humain et moins destructeur.

Une pression grandissante

En France, la loi relative aux nouvelles régulations économiques (NRE), adoptée en 2002, oblige les entreprises cotées en Bourse à rendre compte chaque année dans leur rapport d'activité des actions qu'elles entreprennent en matière de développement durable : recyclage des déchets, limitation des emballages, économies d'énergie…

De leur côté, les ONG et les consommateurs disposent de moyens de pression tels que l'organisation de campagnes d'information dénonçant les manquements de l'entreprise et pouvant aller jusqu'au boycott de ses produits. À titre d'exemple, la société Nike a dû renoncer à faire produire ses baskets par des enfants, suite à une enquête menée par un syndicaliste et relayée par le réalisateur Michael Moore dans un de ses films documentaires. Aux côtés d'autres multinationales et avec le concours d'organisations internationales, ce fabricant s'est engagé depuis à améliorer les conditions de travail dans les usines de ses sous-traitants.

Une partie de l'action des ONG consiste à alerter les sociétés occidentales sur les situations auxquelles elles sont confrontées dans les pays en développement. Cette campagne du CCFD (Comité catholique contre la faim et pour le développement) vise à dénoncer les pratiques des grandes entreprises qui imposent aux pays du Sud des prix trop bas pour leur permettre de se développer.

TU MANGERAS QUAND TU SERAS COMPÉTITIF.

IL FAUT RÉFORMER LES RÈGLES DU COMMERCE MONDIAL.

4, RUE JEAN LANTIER
75001 PARIS
TEL : 01 44 82 80 00
www.ccfd.asso.fr

TERRE SOLIDAIRE
CCFD

Des centaines de millions de personnes souffrant de la faim dans le monde sont des petits producteurs des pays du Sud et de l'Est. Victimes des règles injustes et déloyales de l'agriculture mondiale, ils ne peuvent plus vivre et se nourrir de leur production. Pour lutter contre la faim, il faut soutenir l'agriculture des pays pauvres et réformer les règles du commerce mondial.

COMITÉ CATHOLIQUE CONTRE LA FAIM ET POUR LE DÉVELOPPEMENT

CRÉDIT PHOTO: SEAN SPRAGUE / ERIC. OPÉRA

L'école

L'école est sans aucun doute un lieu propice à la sensibilisation au développement durable. Des écoles maternelles ou primaires, des collèges et des lycées s'y emploient à travers le monde. Ils mettent même quelquefois en place des initiatives qui vont au-delà d'une sensibilisation à la protection de l'environnement. Au Canada, par exemple, les « écoles vertes Brundtland » proposent des actions concrètes, quotidiennes et mesurables pour contribuer à créer un monde meilleur : recyclage de papier, plantation de fleurs, fabrication de jouets en matériaux recyclés, utilisation de vaisselle durable, collecte de fonds pour des œuvres humanitaires, minute de silence pour la paix... Élèves et professeurs y réalisent des actions touchant à la démocratie, au partage, à la solidarité, à l'équité, au respect, à la paix et aux droits humains.

Apprentissage de la citoyenneté

En France, le ministère de l'Éducation nationale a intégré la notion de développement durable dans les cours de géographie, d'histoire, de sciences et vie de la Terre, etc. Il encourage les expériences consistant à faire de l'établissement scolaire un lieu d'étude et d'expérimentation concrète du développement durable.

De son côté, le Comité 21 a mis en place des Agendas 21 scolaires afin d'accompagner les enseignants, les élèves, leurs parents mais aussi les élus locaux, les chefs d'entreprise et les représentants d'associations de quartiers dans des plans d'action. Ces Agendas essaient de tisser des liens entre les établissements français mais aussi avec les établissements à l'étranger. Pour cela, Internet est un formidable outil d'information et de communication. Déjà, des milliers de collégiens correspondent régulièrement avec d'autres collégiens d'Afrique ou d'ailleurs pour découvrir les problèmes spécifiques qui se posent dans leur pays et les initiatives qui y sont menées. D'autres plans d'action soutiennent plus fortement la préservation de la biodiversité ou de la diversité culturelle. D'autres encore essaient d'améliorer le transport des élèves en encourageant le covoiturage.

Mais devenir acteur du développement durable, c'est avant tout agir en citoyen, être responsable avec les autres. Et l'école est un lieu d'apprentissage de la citoyenneté, à travers les cours d'instruction civique, mais aussi les échanges ou les débats avec ses camarades ou ses professeurs autour des enjeux liés à l'avenir de la planète.

Pour que les actions menées en faveur du développement durable soient envisagées sur le long terme, il est indispensable d'y impliquer les enfants. L'école est pour cela un lieu privilégié. Depuis quelques années cette thématique est inscrite au programme des écoles primaires, des collèges et des lycées en France. Des associations, comme les Centres permanents d'initiative pour l'environnement (CPIE), contribuent également à sensibiliser les plus jeunes aux questions environnementales. Les CPIE organisent par exemple, comme ici, des ateliers jardins dans les écoles, et interviennent dans le cadre des loisirs (balades dans la nature, visites de sites...). Les enfants disposent également aujourd'hui de plusieurs journaux et sites spécialisés consacrés au développement durable.

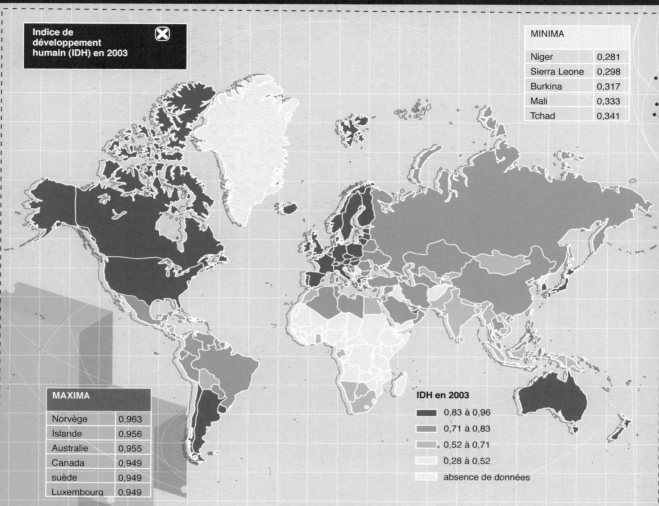

Indice de développement humain (IDH) en 2003 ✖

MINIMA	
Niger	0,281
Sierra Leone	0,298
Burkina	0,317
Mali	0,333
Tchad	0,341

MAXIMA	
Norvège	0,963
Islande	0,956
Australie	0,955
Canada	0,949
suède	0,949
Luxembourg	0,949

IDH en 2003
- 0,83 à 0,96
- 0,71 à 0,83
- 0,52 à 0,71
- 0,28 à 0,52
- absence de données

L'argent ne suffit pas toujours à faire le bonheur ! Au cours d'une année, un Brésilien et un Uruguayen perçoivent à peu près le même revenu, mais le premier vit en moyenne sept ans de moins que le second. Un habitant du Qatar gagne deux fois plus qu'un Tchèque, mais son pays compte beaucoup d'analphabètes. Au vu de ce type de constats, le PNUD (Programme des Nations unies pour le développement) a adopté, en 1990, l'Indicateur de Développement Humain (IDH). Il évalue le bien-être d'une population en prenant en compte, outre le revenu moyen par habitant, son espérance de vie à la naissance et la proportion de personnes scolarisées. L'indicateur est au maximum de 1. Les conditions de vie sont les plus difficiles dans les pays dont l'indicateur est le plus bas.

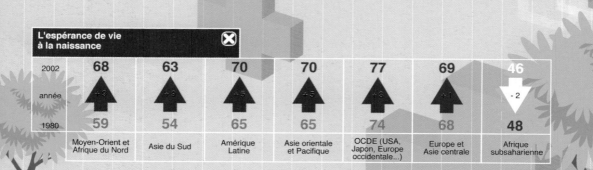

L'espérance de vie à la naissance ✖

	Moyen-Orient et Afrique du Nord	Asie du Sud	Amérique Latine	Asie orientale et Pacifique	OCDE (USA, Japon, Europe occidentale...)	Europe et Asie centrale	Afrique subsaharienne
2002	68	63	70	70	77	69	46
année	+3	+3	+5	+5	+3	+1	-2
1980	59	54	65	65	74	68	48

Bilan 2005 de la situation des journalistes dans le monde ⊗	Tués	Interpellés	Agressés-Menacés	Médias censurés
Afrique	5	256	213	86
Amériques	7	20	229	10
Asie	17	352	583	745
Europe et ex-URSS	7	92	179	120
Maghreb et Moyen-Orient	27	87	104	45
Total 2005	63	807	1308	1006
en 2004	53	554	1146	622

La liberté de la presse

Pour participer démocratiquement à la vie de leur pays, les citoyens doivent disposer d'une information pluraliste, libre des pressions politiques ou économiques. Ce droit est inscrit dans la Déclaration des droits de l'homme et dans la charte de l'ONU. Cependant, selon l'association Reporters sans frontières, la situation de la liberté de la presse s'est dégradée en 2005, et au 1er janvier 2006, 126 journalistes étaient emprisonnés dans le monde. Internet n'est pas le garant d'un accès plus libre à l'information, puisque les États peuvent imposer des filtres ou surveiller les utilisateurs. Certains "cyberdissidents" ont été condamnés à mort ou à la prison à vie en 2005.

Nombre de journalistes tués chaque année ⊗

1995	1996	1997	1998	1999	2000	2001	2002	2003	2004	2005
			23				25			
	28					31				
				32						
	35		38							
								40		
									53	
64										63

7

LES GESTES SIMPLES DU QUOTIDIEN

Chacun d'entre nous peut commencer à agir, dès maintenant, au moyen de gestes très simples : éteindre la lumière en sortant d'une pièce, bien fermer le robinet pour éviter qu'il goutte, mais aussi consommer de préférence des biens produits localement ou dans le respect des droits des travailleurs et de l'environnement.

Entre gestes simples et utopie, le développement durable invite à revoir nos comportements individuels mais aussi collectifs.

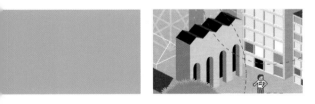

La maison est un lieu propice aux initiatives en faveur du développement durable. Pour commencer, nous pouvons essayer d'économiser l'énergie utilisée pour le chauffage et l'éclairage. Aujourd'hui, grâce à de nombreux matériaux ou appareils, il est possible de réduire de façon sensible sa consommation d'énergie : isolants thermiques, fenêtres à double vitrage, lampes fluorescentes compactes... Il est également possible de produire tout ou partie de son énergie en installant des plaques photovoltaïques sur son toit. Ces équipements permettent de produire de l'électricité à partir de l'énergie fournie gratuitement par le soleil. Et, d'ici quelques années, nous verrons certainement pousser des éoliennes individuelles dans nos jardins afin de produire de l'électricité à partir de la force du vent.

Mais l'économie d'énergie passe aussi par des gestes simples comme éteindre la lumière en sortant d'une pièce, ne pas laisser sa télé ou tout autre matériel hi-fi en position veille... Un téléviseur laissé en veille consomme jusqu'à un quart de l'énergie utilisée quand il fonctionne ! Et, quand le temps se rafraîchit, il est préférable de porter un pull plutôt que d'augmenter le chauffage.

Les réflexes du quotidien

Nous devons bien sûr veiller à limiter notre consommation en eau : prendre une douche plutôt qu'un bain, bien fermer les robinets (un robinet qui fuit, c'est près de 4 litres d'eau perdus par heure...), récupérer l'eau de pluie pour l'arrosage... Mais il est important également de participer à réduire le coût de son retraitement en ne versant ni détritus (mégots, lingettes...) ni produits chimiques dans sa chasse d'eau ou son lavabo. Bien d'autres gestes simples permettent d'œuvrer chez soi, comme le tri sélectif ou le compostage (la récupération des détritus végétaux). Le développement durable passe par un changement radical de nos habitudes de consommation.

Installer des panneaux solaires n'est pas la seule façon de réduire l'empreinte écologique de sa maison : si tout le monde ne peut installer une éolienne dans son jardin, chacun peut veiller à éteindre les veilles des appareils, ne pas laisser goutter les robinets ou s'équiper d'appareils ménagers à faible consommation. Ici, l'exemple d'une maison « durable » répondant notamment aux exigences de la Haute Qualité environnementale (HQE).

1. Lampes basse consommation.

2. Appareils électroménagers économes.

3. Congélateur installé dans une pièce non chauffée.

4. Réducteur de débit et mitigeur sur douche et robinets.

5. Fenêtres à vitrage isolant.

6. Programmation et régulation du chauffage.

7. Bonne isolation du toit.

8. Chaudière à gaz à haute performance et faibles rejets en oxyde d'azote.

9. Poêle à bois utilisé en chauffage d'appoint.

10. Radiateurs à eau chaude avec robinets thermostatiques.

11. Capteurs solaires thermiques alimentant le ballon d'eau chaude et le plancher chauffant.

12. Orientation des pièces principales (salle à manger, salon) au sud afin de profiter des apports solaires en hiver. Présence de brise-soleil pour limiter la surchauffe en été.

13. Capteurs photovoltaïques (panneaux solaires) utilisés comme brise-soleil sur la véranda et produisant de l'électricité.

14. Éolienne produisant de l'électricité.

15. Chasse d'eau à double commande 3-6 litres.

16. Arrosage du jardin en goutte à goutte.

17. Lave-linge avec programme demi-charge et touche « Éco ».

18. Récupération des eaux pluviales de la toiture dans une cuve enterrée pour l'arrosage du jardin.

Lors de nos achats

Le développement durable implique de consommer non pas nécessairement moins, mais mieux. Comment ? En privilégiant les produits dont la culture ou la fabrication n'a pas recouru à des produits chimiques, s'est faite dans le respect des droits des travailleurs et a assuré un revenu décent à leur producteur. C'est le cas des produits issus de l'agriculture biologique et du commerce éthique ou équitable. On peut aussi consommer mieux en évitant la consommation de produits alimentaires hors saison comme des tomates importées l'hiver, ou encore en se préoccupant du recyclage des déchets, en bannissant les sacs plastique et les produits suremballés.

Toutefois, consommer mieux n'est pas à la portée de tout le monde, car les produits qui satisfont aux exigences d'une consommation durable sont souvent plus chers. Mais les produits que l'on consomme sous prétexte qu'ils sont bon marché nous sont-ils toujours aussi indispensables qu'on le pense ? Nous sommes bien souvent victimes des discours publicitaires. Nous achetons des biens « vus à la télévision » sans nous demander s'ils nous sont vraiment utiles.

Être un consommateur responsable

Adopter une consommation durable, c'est se transformer en consommateur responsable de ses choix. Et certaines questions se posent. D'où vient ce produit que l'on s'apprête à acheter ? Dans quelles conditions a-t-il été produit ? Quels sont ses ingrédients ? Les étiquettes des produits qu'on achète comportent de multiples indications pour répondre à ces questions. On peut prendre l'habitude de repérer les labels et les logos qui y figurent. On peut également y apprendre qu'un produit contient des colorants ou des organismes génétiquement modifiés (OGM). Ce sont des organismes dans lesquels on a introduit un ou plusieurs caractères issus d'un autre organisme (plante, animal, bactérie) dans le but de leur conférer des caractéristiques nouvelles : meilleure résistance aux insectes, aux herbicides, plus grande productivité... Or les effets de cette technique sur l'homme et la nature sont encore mal connus.

Par son pouvoir d'achat ou son influence sur les dépenses de ses parents, chacun a, dès son plus jeune âge, un rôle à jouer dans l'évolution de la société de consommation de masse. À nous d'imposer nos choix en nous comportant en consommateurs responsables de nos actes.

"En réfléchissant aux conditions dans lesquelles les biens que nous achetons sont produits, nous pouvons choisir de privilégier les entreprises qui offrent la garantie que leurs bénéfices ne sont pas tirés du pillage des ressources naturelles, comme le bois, les diamants, le coltan ou le pétrole, servant à financer des conflits armés. Ainsi, en favorisant les entreprises dotées de mécanismes de régulation et de contrôle, nous ne contribuerons pas au trafic d'armes alimenté par le pillage de ces ressources." (Amnesty International)

Quel prix pour ces diamants ?

... au commerce des armes et des matières premières avec les pays qui violent les droits humains. **Amnesty international**

www.amnesty.asso.fr

1

2

3

4

5

6

Ces logos peuvent nous guider dans nos achats : ils garantissent le respect de normes sociales et environnementales.

1. Le logo Éco-Emballages garantit que le fabriquant a cotisé auprès de la société Éco-Emballages qui reverse les fonds qu'elle obtient aux collectivités locales pour l'organisation de la collecte sélective des déchets.

2. Ce logo indique que le plastique utilisé est recyclable.

3. Le label Max Havelaar garantit que les biens sont produits et commercialisés selon les standards internationaux du commerce équitable.

4. Alter Éco est une marque qui propose exclusivement des produits issus du commerce équitable.

5. La marque NF-Environnement distingue des produits qui ont un impact moindre sur l'environnement.

6. L'écolabel européen garantit une production, une distribution et une utilisation « durables ».

Pendant nos déplacements

Pour se rendre à l'école, à son cours de musique, au terrain de sport ou chez ses amis, le premier réflexe est de prendre la voiture. Or utiliser sa voiture, c'est émettre dix fois plus de dioxyde de carbone qu'un passager de bus...

Ceux qui vivent dans un village ou dans un quartier de banlieue mal desservi par les transports collectifs n'ont bien souvent pas d'autre solution. En revanche, ceux qui vivent en ville ont l'embarras du choix : bus, tramway, métro, sans compter qu'ils peuvent aussi se déplacer à pied, en vélo, en trottinette ou en rollers. Ces dernières années, la plupart des grandes villes ont fait d'importants efforts pour améliorer la circulation et réduire la pollution liée aux transports. Elles ont créé des lignes de tramway ou de métro, mis en circulation des bus roulant au gaz, donc moins polluants, aménagé des pistes cyclables ou des zones piétonnes, etc.

Le développement durable n'implique pas nécessairement de renoncer à la voiture. Pour de nombreuses personnes, elle est le seul moyen de transport efficace en l'absence de transports collectifs dans leur quartier. Par ailleurs, des innovations technologiques comme la voiture électrique ou le moteur hybride (utilisant selon les circonstances l'électricité ou le carburant) ouvrent de nouvelles perspectives. Enfin, l'industrie automobile fait vivre des milliers de salariés, qui risqueraient de perdre leur emploi.

Savoir partager

En revanche, le développement durable incite à utiliser sa voiture de manière plus responsable et moins individualiste. En organisant, par exemple, du covoiturage entre sa maison et l'école. Il est possible que les navettes effectuées par les parents pour amener leurs enfants à l'école intéressent d'autres élèves du voisinage. Cette pratique, apparue aux États-Unis dans les années 1980, tend à se diffuser en France depuis quelques années.

Un autre usage responsable de la voiture consiste à la combiner avec les divers modes de transport, quand c'est possible. C'est ce que les spécialistes appellent la multimodalité, c'est-à-dire l'alternance des moyens de déplacement en fonction de la destination, ou l'intermodalité qui consiste à utiliser plusieurs moyens de déplacement au cours d'un même trajet.

Dans les grandes villes, les problèmes liés au déplacement deviennent essentiels : pour réduire la pollution causée par les voitures, des efforts sont faits pour développer les transports en commun. Désormais onze villes en France possèdent un métro et dans certaines villes, comme à Londres, l'accès au centre est devenu payant pour les automobilistes. À Bordeaux, pour faciliter le transport des citadins et réduire le nombre de voitures en ville, plusieurs lignes de tramway ont été construites, reliant plus rapidement le centre-ville à la périphérie.

L'union fait la force

On le voit, à travers des gestes simples, il est possible d'œuvrer au développement durable en participant à une prise de conscience générale. En eux-mêmes, ces gestes ne sont pas en mesure de transformer le cours des choses. Mais, ajoutés à ceux de ses proches, de ses voisins et, au-delà, de ses concitoyens, ils peuvent produire des effets significatifs. Ces dernières années, des entreprises et des États ont dû céder sous la pression des consommateurs ou d'associations comme De l'éthique sur l'étiquette. Créée en 1995, cette dernière est à l'origine d'un label social garantissant que l'article textile a été fabriqué dans le respect des Droits de l'homme.

Mais encore faut-il que ces gestes s'ajoutent les uns aux autres, que ceux qui donnent le bon exemple soient imités par le plus grand nombre. Parmi les initiatives qui œuvrent dans le sens du développement durable, de nombreuses restent encore marginales, méconnues. L'heure est à une prise de conscience collective et donc à une action également collective, qui peut prendre des formes diverses : un engagement dans une association ou un parti, une participation aux débats de société...

Le développement durable amène à découvrir ou à redécouvrir l'importance de la vie démocratique et de la participation citoyenne. Car être citoyen, c'est participer à la vie de la cité, aux débats qui agitent la société et le monde contemporain auxquels on appartient.

Le développement durable ne peut être un simple catalogue de recommandations et de solutions toutes faites. Sa réussite dépend d'une mobilisation de chacun et de tous les instants, dans son quartier, sa ville, sa région, son pays, sans oublier le reste de la planète. Le développement durable implique donc une démocratie tout à la fois représentative (c'est-à-dire animée par des représentants élus), participative (à travers la participation directe des citoyens à la prise de décisions), nationale mais aussi locale (à l'échelle de son quartier ou de sa ville) et même mondiale (à travers la coopération entre, d'une part, les États et les organisations internationales et, d'autre part, les ONG et les autres représentants de la société civile, c'est-à-dire des citoyens). Ainsi, la démocratie n'est pas seulement un objectif du développement durable, mais une condition de sa possibilité.

L'artiste danois Olafur Eliasson organise ses œuvres autour d'une réflexion sur les éléments naturels, comme le soleil, la brume ou des chutes d'eau, qu'il reproduit dans des lieux fermés. Cette coloration spectaculaire et éphémère d'un fleuve en vert, qu'il a réalisé dans quatre villes en 1998, attire notre attention sur un élément naturel de notre environnement qu'il est nécessaire de préserver et sur l'impact que peuvent avoir nos gestes sur la nature.

1968 Création du Club de Rome, association cherchant des solutions pratiques aux problèmes planétaires.

1971 Création du premier ministère de l'Environnement en France.

1972 Premier sommet de la Terre, à Stockholm. Il lance le Programme des Nations unies pour l'environnement (PNUE) et le Programme des Nations unies pour le développement (PNUD). Publication du rapport «Halte à la croissance?» par le Club de Rome.

1973 Premier «choc» pétrolier : le prix du pétrole est multiplié par quatre en trois mois. Des gouvernements adoptent les premières mesures d'économie d'énergie.

1979 Deuxième choc pétrolier.

1983 L'assemblée générale des Nations unies crée la Commission mondiale de l'environnement et du développement.

1986 Explosion du réacteur de la centrale nucléaire de Tchernobyl, en Ukraine. Le nuage radioactif traverse l'Europe et atteint la France.

1987 Publication du rapport Brundtland, « Notre avenir à tous », qui introduit la notion de développement durable. La même année, 170 pays réunis à Montréal signent une convention destinée à protéger la couche d'ozone.

1991 Création du Conseil des entreprises pour le développement durable réunissant des entreprises multinationales.

1992 Conférence des Nations unies sur l'environnement et le développement (CNUED), à Rio de Janeiro, au Brésil. Elle rassemble 178 pays et plus de 1500 ONG.

1994 Conférence des villes durables européennes à Aalborg, au Danemark. 80 municipalités européennes signent une charte des villes européennes pour la durabilité.

1997 Conférence mondiale sur l'effet de serre, le climat et l'énergie, à Kyoto, au Japon.

1999 En France, la loi Voynet fait de l'Agenda 21 l'outil de mise en œuvre du développement durable.

2000 Sommet du millénaire à New York. Il fixe des objectifs et des délais précis dans la lutte contre la pauvreté, la faim, la maladie, l'analphabétisme, la dégradation de l'environnement et la discrimination à l'égard des femmes.

2001 Déclaration universelle de l'Unesco sur la diversité culturelle.

2002 En mars, conférence des Nations unies à Monterrey au Mexique, sur le financement du développement et la lutte contre la pauvreté.

2003 Première édition de la Semaine du développement durable organisée en France pour sensibiliser les citoyens au développement à travers des pratiques concrètes.

2005 Entrée en vigueur officielle du protocole de Kyoto. Adoption par 148 pays de la Convention de l'Unesco sur la diversité culturelle.

CONCLUSION

Dans dix ou vingt ans, continuerons-nous à parler du développement durable ? Moins de vingt ans avant l'apparition de cette expression, on parlait d'écodéveloppement.

Les mots changent, mais les idées restent. Depuis des siècles, les hommes ont manifesté leur préoccupation face à la dégradation de leur environnement et se sont inquiétés du sort des générations à venir ; ils se sont révoltés contre les injustices en songeant à un monde meilleur, plus solidaire, harmonieux ou pacifique.

Y sont-ils parvenus ? On peut en douter au vu des inégalités qui persistent entre les êtres humains comme entre les pays ; aujourd'hui encore, beaucoup d'hommes, de femmes et d'enfants n'ont pas ou plus accès à l'eau potable ou sont victimes de violences de toute sorte.

Certes, grâce aux progrès de la médecine, un être qui naît aujourd'hui a des chances de vivre plus longtemps que ses parents. De plus, les hommes font toujours preuve d'une grande capacité à inventer des solutions à leurs problèmes. Des possibilités qui étaient inimaginables pour nos ancêtres (comme, par exemple, communiquer à distance par téléphone ou Internet, voler dans les airs...) sont devenues pour nous des réalités familières.

Considérées une à une, ces tendances sont autant de bonnes nouvelles. Seulement elles risquent d'être compromises par de nouveaux défis : le réchauffement de la planète, la pression démographique, la réduction des ressources énergétiques non renouvelables... On ne peut plus penser l'amélioration de notre bien-être matériel sans se préoccuper aussi de l'environnement et des autres. C'est précisément tout l'intérêt du développement durable de nous inviter à penser les choses dans leur globalité.

Glossaire : les mots du développement durable

AGRICULTURE BIOLOGIQUE

Une agriculture qui exclut l'usage des engrais chimiques au profit d'engrais naturels.

BIODIVERSITÉ

C'est la diversité que l'on trouve dans le monde vivant (d'où le préfixe « bio »), celui des plantes, des animaux, des organismes microscopiques et de leurs gènes. Plusieurs phénomènes sont susceptibles de la réduire : la disparition d'écosystèmes, sous l'effet de l'urbanisation, de l'extension des surfaces agricoles ou de l'introduction de nouvelles espèces nuisibles ; les prélèvements excessifs effectués par l'homme à travers la chasse ou la pêche ; l'utilisation de pesticides, le réchauffement climatique, etc. En 1992, à l'issue du sommet de la Terre de Rio, une convention a été signée pour définir des règles destinées à préserver la biodiversité.

COMMERCE ÉQUITABLE

Il consiste à commercialiser des biens à un prix qui permet à leurs producteurs d'en vivre. Il a été introduit dès les années 1960-70 par des boutiques spécialisées dans la vente de produits artisanaux importés des pays en développement comme Artisans du monde, en France. À la fin des années 1980, une autre conception est apparue avec l'introduction de labels dont le plus connu est le label Max Havelaar. Ces labels qui figurent sur l'emballage sous forme de logos garantissent que le produit a été cultivé ou fabriqué dans le respect de l'environnement et des Droits de l'homme et que sa vente assure un revenu minimal à son producteur. On confond souvent le commerce équitable avec le développement durable. En fait, le premier contribue au second, mais le développement durable ne se réduit pas à ce type de commerce.

COMMERCE ÉTHIQUE

On appelle ainsi les achats et les ventes qui excluent les biens dont la production ne respecte pas les droits des travailleurs et des enfants (par exemple des ballons fabriqués par des enfants non scolarisés) ou dont l'usage n'est pas pacifique (comme les armes à feu).

DÉMOCRATIE PARTICIPATIVE

Cette conception de la démocratie repose sur une forte implication des citoyens dans les prises de décision (par opposition à la démocratie dite représentative où le pouvoir de décision revient aux représentants des citoyens : les députés). Parce qu'elles encouragent la responsabilisation du citoyen, les initiatives en matière de développement durable tendent à encourager une démocratie plus participative.

ÉCOBILAN

Il s'agit d'un bilan des matières premières, des énergies consommées et des pollutions entraînées par un produit (une voiture, un jean, une console de jeu, etc.) au cours de son « cycle de vie », c'est-à-dire depuis sa conception et sa fabrication jusqu'à son recyclage.

ÉCOCONCEPTION

Plutôt que de réparer les dégradations de l'environnement occasionnées par les produits que nous fabriquons, sachons les anticiper au moment même de leur conception. C'est le principe de l'écoconception qui consiste à intégrer l'environnement dès la phase de conception des produits, qu'il s'agisse de biens ou de services, et qui concerne toutes les étapes du cycle de vie d'un produit : recherche, fabrication, transport, utilisation, recyclage…

ÉCODÉVELOPPEMENT

Notion apparue en 1972 à l'occasion du premier sommet de la Terre, organisé à Stockholm. Elle désigne une nouvelle conception du mode de développement des pays, qui évite la surexploitation des ressources naturelles et la dégradation de l'environnement. Elle a été depuis remplacée par celle de développement durable, qui souligne la nécessité de prendre également en compte l'impact social du développement économique.

ÉCOSYSTÈME

On appelle ainsi un ensemble constitué par un milieu (forêt, jardin, prairie, étang, etc.) et les organismes qui y vivent. Précisons qu'un écosystème peut en contenir plusieurs, comme une forêt dont chaque arbre abrite des nids dans son feuillage, des insectes et des champignons dans son écorce, etc.

EMPREINTE ÉCOLOGIQUE

L'empreinte écologique est une mesure de la pression qu'exerce l'homme sur la nature. C'est un outil qui évalue la surface dont la Terre a besoin pour subvenir à nos besoins et absorber nos déchets. L'empreinte écologique permet de mesurer l'influence directe de l'homme sur la nature. Elle diffère selon le mode de vie des individus : plus un individu consomme, plus son empreinte écologique est importante.

ÉNERGIES RENOUVELABLES

On les appelle ainsi parce qu'elles sont produites à partir des éléments naturels qui, à défaut d'être disponibles à chaque instant, sont inépuisables : le soleil, le vent, l'eau, le bois ou encore la paille. On distingue : l'énergie solaire produite à partir de la lumière du soleil, l'énergie éolienne produite à partir de la force du vent, l'énergie hydraulique produite à partir des chutes d'eau ou des marées, la géothermie à partir de l'énergie contenue dans le sol et le biogaz produite à partir de matières organiques végétales ou animales (bois, paille, lisiers, déchets…). L'ensemble de ces énergies renouvelables représente actuellement près de 15 % de l'énergie utilisée dans le monde.

GAZ À EFFET DE SERRE

Ces gaz sont appelés ainsi parce qu'ils forment autour de la Terre une couche isolante qui permet d'emprisonner les rayons de soleil comme la vitre d'une serre. Ils sont indispensables à la vie car ils nous protègent des rayons nocifs du soleil. En revanche, leur augmentation sous l'effet des émissions de nos usines et voitures pose problème car elle entraîne un réchauffement de la planète qui perturbe les équilibres naturels.

GOUVERNANCE

C'est un vieux mot redevenu à la mode qui désigne de nouvelles formes de gouvernement davantage fondées sur le partenariat. En favorisant la coopération entre les pouvoirs publics, les entreprises et les ONG, le développement durable favorise la gouvernance.

ONG (ORGANISATION NON GOUVERNEMENTALE)

Association indépendante de tout gouvernement, locale ou internationale, créée pour la défense d'une cause. Le nombre d'ONG n'a cessé de croître depuis les années 1970 et leur cause de se diversifier, en allant de la protection de l'environnement (Greenpeace) au respect des Droits de l'homme (Amnesty International ou ATD Quart-Monde) en passant par la lutte contre la faim (Action contre la faim), etc.

PRINCIPE DE PRÉCAUTION

Il y a des découvertes et des inventions dont on ignore toutes les conséquences sur l'environnement ou la santé. Le principe de précaution consiste à évaluer les risques encourus en s'appuyant sur les travaux des chercheurs tout en adoptant des mesures provisoires, sans attendre qu'une catastrophe intervienne. Ce principe a été mis en avant à l'occasion du sommet de la Terre, organisé en 1992 à Rio de Janeiro (Brésil). Il a été appliqué par l'Union européenne à certains OGM (organismes génétiquement modifiés), dont l'importation a été interdite.

RESPONSABILITÉ SOCIALE ET ENVIRONNEMENTALE DES ENTREPRISES (RSE)

Nouvelle conception de la gestion d'une entreprise qui consiste à prendre plus en compte l'impact de son activité sur l'environnement et la société. Cela signifie aussi de la part des entreprises une plus grande transparence vis-à-vis de toutes les parties prenantes : salariés, actionnaires, clients, fournisseurs et société civile.

SOCIÉTÉ CIVILE

Ensemble des citoyens et des associations ou ONG qui les représentent. Les mobilisations autour du développement durable ont favorisé son émergence sur la scène internationale, aux côtés des États, des organisations internationales et des grandes entreprises.

SOLIDARITÉ

Valeur au cœur du développement durable et de nombreux secteurs d'activité qui y contribuent (économie solidaire, tourisme solidaire, finance solidaire…). Elle exprime la reconnaissance de l'existence d'une communauté d'intérêts avec ses cocitoyens mais aussi les autres peuples et les générations futures.

TROU DANS LA COUCHE D'OZONE

L'ozone présent dans la haute atmosphère joue un rôle de bouclier en absorbant les rayons ultraviolets (UV) émis par le soleil. Mais cette couche est menacée par l'émission de produits chimiques (CFC) qui entrent dans la composition d'aérosols et assurent le fonctionnement des climatiseurs et des réfrigérateurs. La diminution de la couche d'ozone entraîne une augmentation de la quantité d'UV à la surface de la Terre, avec des effets néfastes pour la santé (brûlures superficielles, conjonctivites, cancers de la peau dans les cas les plus graves) et l'environnement (perturbation de la vie des végétaux et de la vie marine).

Bibliographie

POUR LES ENFANTS

• *À nous la Terre ? L'environnement et l'homme*, Françoise de Guibert, Autrement, coll. «Junior Société», 2002.

• *L'Avenir de la Terre. Le développement durable raconté aux enfants*, Yann Arthus-Bertrand, Philippe J. Dubois et Valérie Guidoux, La Martinière Jeunesse, 2003.

• *Le Climat à petits pas*, Georges Feterman, Actes Sud Junior/Ademe, coll. «À petits pas», 2005.

• *Copain de la Terre : à la découverte de l'écologie*, Robert et Hélène Pince, Milan Jeunesse, coll. «Copains», 2005.

• *L'Eau à petits pas*, François Michel, Actes Sud Junior, coll. «À petits pas», 2003.

• *L'Écologie à petits pas*, François Michel, Actes Sud Junior, coll. «À petits pas», 2000.

• *Encyclopédie du futur citoyen*, Sylvie Baussier, Casterman, 2006.

• *L'Énergie à petits pas*, François Michel, Actes Sud Junior/Ademe, coll. «À petits pas», 2005.

• *La Nature et la pollution*, Brigitte Labbé et Michel Puech, Milan Jeunesse, coll. «Les goûters philo», 2002.

• *La Ville et la Nature*, Michel Da Costa Gonçalves et Geoffrey Galand, Autrement, coll. «Junior Ville», 2005.

POUR LES ADULTES

• *Atlas de la menace climatique. Le réchauffement de l'atmosphère, enjeu numéro un de notre siècle*, Frédéric Denhez, Autrement, coll. «Atlas/Monde», 2005.

• *Atlas des espèces en danger*, Richard Mackay, Autrement, coll. «Atlas», 2002.

• *Atlas mondial du développement durable*, Anne-Marie Sacquet, Autrement, coll. «Atlas/Monde», 2003.

• *Ce que développement durable veut dire*, Dominique Debas, Geneviève Férone et Anne-Sophie Genin, Éd. d'Organisation, 2003.

• *Le Développement durable*, Emmanuel Arnaud, Arnaud Berger et Christian de Perthuis, Nathan, coll. «Repères pratiques», 2005.

• *Le Développement durable*, Sylvie Brunel, PUF, coll. «Que sais-je?», 2004.

• *Le Développement durable*, Jean-Pierre Paulet, Ellipses, coll. «Transversale», 2005.

• *Le Développement durable*, Assen Slim, Le Cavalier Bleu, coll. «Idées reçues», 2004.

• *Le Développement durable au quotidien*, Farid Baddache, Eyrolles, 2006.

• *Mal de Terre*, Hubert Reeves et Frédéric Lenoir, Seuil, coll. «Science ouverte», 2003.

• *Les Nouveaux Utopistes du développement durable*, Anne-Marie Ducroux, Autrement, coll. «Mutations», 2002.

• *Petit atlas des espèces menacées*, Yves Sciama, Larousse, coll. «Petite encyclopédie Larousse», 2005.

• *Les Silences de Tchernobyl. L'avenir contaminé*, Galia Ackerman, Guillaume Grandazzi et Frédérick Lemarchand, Autrement, coll. «Frontières», 2006.

• *La Vie après le pétrole. De la pénurie aux énergies nouvelles*, Jean-Luc Wingert, Autrement, coll. «Frontières», 2005.

SUR LA VILLE ET L'HABITAT

• *Aménagement durable : défis et politiques*, Serge Wachter, L'Aube, coll. «Monde en cours», 2003.

• *Architecture écologique. Une histoire critique*, James Steele, Actes Sud, 2005.

• *La République des villes*, Francis Ampe et Claude Neuscwander, L'Aube, coll. «Monde en cours», 2002.

SUR LE SOCIAL

• *Atlas des nouvelles fractures sociales en France. Les classes moyennes oubliées et précarisées,* Christophe Guilly et Christophe Noyé, Autrement/Le Mémorial de Caen, coll. «Atlas/Monde», 2006.

• *Le Développement soutenable*, Franck-Dominique Vivien, La Découverte, coll. «Repères», 2005.

• *Le Principe de responsabilité. Une éthique pour la civilisation technologique,* Hans Jonas, Flammarion, coll. «Champs», 1998.

SUR LES ENTREPRISES

• *L'Entreprise contre la pauvreté. La dernière chance du libéralisme*, Jacques Baratier, Autrement, coll. «Frontières», 2005.

• *L'Entreprise responsable. Développement durable, responsabilité sociale de l'entreprise, éthique,* Jean-Jacques Rosé, Éd. d'Organisation, 2003.

• *Organiser le développement durable. Expériences des entreprises pionnières et formation de règles d'action collective*, Franck Aggeri, Eric Pezet, Christophe Abrassart et Aurélien Acquier, Vuibert/Ademe, 2005.

• *Vive l'entreprise solidaire*, Hervé Azoulay, Eyrolles société, coll. «Convictions», 2002.

SUR LE COMMERCE ÉQUITABLE

• *Guide shopping solidaire à Paris. 200 adresses pour acheter utilement*, Hélène Binet et Emmanuelle Vibert, Autrement, coll. «Guide Autrement», 2005.

• *Le Pari du commerce équitable. Mondialisation et commerce équitable*, Tristan Lecomte, Éd. d'Organisation, 2003.

SUR L'EAU

• *Atlas mondial de l'eau. Une pénurie annoncée*, Salif Diop et Philippe Rekacewicz, Autrement, coll. «Atlas/Monde», 2004.

• *Le Dossier de l'eau. Pénurie, pollution, corruption*, Marc Laimé, Seuil, coll. «L'Épreuve des faits», 2003.

• *L'Eau : source de vie, source de conflits*, Véronique Le Marchand, Milan, coll. «Les Essentiels», 2003.

• *Obsession de l'eau. Sécheresse, inondations : gérer les extrêmes*, Diane Raines Ward, Autrement, coll. «Mutations», 2003.

REVUES

• *Alternatives Économiques* : revue consacrée à l'économie en tant qu'enjeu collectif et social. Lire «Le développement durable», HS n°63, 1er trimestre 2005. www.alternatives-economiques.fr

• *Développement Durable et Territoires* : revue scientifique qui propose une approche interdisciplinaire du développement durable à l'échelle du territoire. www.revue-ddt.org

• *Fusion* : revue d'épistémologie qui traite des progrès technologiques actuels et des grandes révolutions dans l'histoire des sciences. www.revuefusion.com

• *Natures Sciences Sociétés* : revue consacrée aux relations de l'homme à la nature : l'urbanisme, la gestion des ressources naturelles, les biotechnologies, la bioéthique, la gestion des déchets, les pollutions… www.u-paris10.fr/nss

• *Défends ta planète! Pour un développement durable*, Strass productions/Unesco, coll. «Planète Terre», 2004.
Cédérom pour les enfants.

• *Planète environnement*, CNED, 2004. DVD pour les enfants.

• *Réfugiés climatiques*, Collectif Argos, www.collectifargos.com. DVD pour tous.

Les acteurs

ORGANISMES INTERNATIONAUX

• L'Éco-Parlement des jeunes: Il sensibilise les jeunes européens aux enjeux environnementaux. www.eyep.info

• L'IEA: Membre autonome de l'OCDE (l'Organisation de coopération et de développement économiques),
l'Agence internationale de l'énergie (International Energy Agency, IEA) est une organisation inter-
gouvernementale de coordination des politiques énergétiques.
9, rue de la Fédération – 75739 Paris Cedex 15 – Tél: 01 40 57 65 00/01 – www.iea.org

• Le HCDH: Le Haut commissariat des Nations unies aux Droits de l'homme (HCDH) tend à faire respecter
les Droits de l'homme au sein des gouvernements. www.unhchr.ch

• L'OIT: L'Organisation internationale du travail (OIT) instaure des normes de travail internationales,
une justice sociale au sein du monde du travail qu'elle s'efforce de faire respecter. www.ilo.org/public/french/

• L'UICN: Le Comité français pour l'Union mondiale pour la nature (UICN) veille à la préservation
de la biodiversité, sur le territoire français et dans les espaces francophones. Il regroupe les ministères
de l'Écologie et des Affaires étrangères, des établissements publics et des ONG.
36, rue Geoffroy-Saint-Hilaire – 75005 Paris – Tél.: 01 47 07 78 58 – www.uicn.fr

• L'Unesco: L'Unesco est une organisation des Nations unies qui agit en faveur de l'éducation,
de la science et de la culture. 7, place de Fontenoy – 75007 Paris – www.unesco.org/fr

• L'Unicef: L'Unicef œuvre pour le respect des droits des enfants et leur protection. Le site français
communique les informations essentielles sur les droits de l'enfant.
3, rue Duguay-Trouin – 75282 Paris cedex 06 – Tél.: 01 44 39 77 77 – www.unicef.fr

ORGANISMES NATIONAUX

• L'Ademe: L'Agence de l'environnement et de la maîtrise de l'énergie a pour objectif de coordonner,
faciliter ou réaliser des opérations ayant pour objet la protection de l'environnement et la maîtrise
de l'énergie. Elle intervient sur tous les plans de l'environnement (énergie, air, bruit, déchets, sites
et sols pollués, management environnemental), en agissant selon les critères du développement durable.
L'Ademe est implantée partout en France. www.ademe.fr

• Le CLER: Le Comité de liaison pour les énergies renouvelables regroupe des professionnels des énergies
renouvelables dans des filières différentes: solaire thermique, photovoltaïque, éolien, bois énergie,
biogaz, biocarburants... Les actions du CLER sont nationales, mais aussi internationales.
2B, rue Jules-Ferry – 93100 Montreuil – Tél.: 01 55 86 80 00 – www.cler.org

• Comité 21: Il faire vivre en France les engagements de l'Agenda 21, programme d'action pour le XXIe siècle
ratifié lors du sommet de la Terre de Rio en 1992.
132, rue de Rivoli – 75001 Paris – Tél.: 01 55 34 75 21 – www.comite21.org

ENTREPRISES

• Éco-Emballages : Société privée agréée par l'État, Éco-Emballages accompagne les collectivités locales dans la mise en place de la collecte et du tri sélectif.

44, avenue Georges-Pompidou – 92302 Levallois Perret – Tél. : 01 40 89 99 99 – www.ecoemballages.fr

• Nature & Découvertes : Depuis 1990, cette entreprise se donne comme raison d'être la sensibilisation du public à la protection de l'environnement. En plus de ses magasins, construits avec des matériaux écologiques, l'entreprise propose des activités destinées à faire découvrir la richesse de la nature, et participe, au travers de sa fondation, à la protection de plusieurs espèces menacées.

1, avenue Europe – 78117 Toussus-le-Noble – Tél. : 01 39 56 01 47 – www.natureetdecouvertes.com

ORGANES GOUVERNEMENTAUX

• L'Agence française de développement : L'AFD finance des projets de développement dans plus de soixante pays d'Afrique, du Pacifique, d'Asie, de l'océan Indien, de la Méditerranée et dans les Caraïbes ainsi que dans la région du plateau guyanais. 7, rue Roland-Barthes – 75598 Paris cedex 12 – Tél. : 01 53 44 31 31 – www.afd.fr

• CNDD : Le Conseil national du développement durable est rattaché au Premier ministre. Il réunit les représentants de la société civile et des collectivités territoriales afin de les associer à l'élaboration des politiques de développement durable et à leur mise en œuvre. www.premier-ministre.gouv.fr

• Le Comité interministériel pour le développement durable : Il est chargé de concevoir et de mettre en œuvre la politique du gouvernement en matière de développement durable. Pour plus d'information : www.ecologie.gouv.fr

• La DIACT : Héritière de la Délégation à l'aménagement du territoire et à l'action régionale (DATAR), la Délégation interministérielle à l'aménagement et à la compétitivité des territoires (DIACT) met en œuvre les orientations de la politique nationale d'aménagement du territoire.

1, avenue Charles-Floquet – 75343 Paris Cedex 07 – Tél. : 01 40 65 12 34 – www.diact.gouv.fr

• L'IFEN : L'Institut français de l'environnement est rattaché au ministre de l'Écologie et du développement durable, collecte le maximum de données, qu'il diffuse sous forme de publications.

5, route d'Olivet – BP 16105 – 45061 Orléans Cedex 2 – Tél. : 02 38 79 78 78 – www.ifen.fr

• La MIES : La Mission interministérielle de l'effet de serre, sous l'égide du ministère de l'Écologie et du développement durable, met en œuvre le programme national d'action contre le changement climatique. www.effet-de-serre.gouv.fr

• Ministère de l'Écologie et du développement durable : Il met en place les politiques qui correspondent aux objectifs du développement durable et veille à leur bonne application.

20, avenue de Ségur – 75302 Paris 07 SP – www.ecologie.gouv.fr

• Ministère de l'Économie, des finances et de l'industrie : Ministère rattaché aux politiques économique, budgétaire et industrielle de la France. 139, rue de Bercy – Télédoc 536 – 75572-Paris Cedex 12 – www.industrie.gouv.fr

• Ministère de l'Équipement, du tourisme et de la mer : Ministère rattaché aux politiques sur les transports, l'urbanisme et le tourisme. 246, boulevard Saint-Germain – 75007 Paris – www.urbanisme.equipement.gouv.fr

ASSOCIATIONS ET ONG

• 4D : L'association Dossiers et débats pour le développement durable a été créée pour promouvoir le développement durable et suivre les engagements pris par la France. Elle se concentre sur les actions locales tout en conservant une dimension internationale.

24-30, rue des Récollets – 75010 Paris – Tél. : 01 44 64 74 94 – www.association4d.org

• L'ADELS : Association qui est un lieu d'échange et de propositions pour le développement de la démocratie locale et qui vise une participation active des citoyens dans les débats locaux. Elle organise des formations et des séminaires. Elle édite également le mensuel *Territoires*.

108-110, rue St-Maur – 75011 Paris – Tél. : 01 43 55 40 05 – www.adels.org

• L'AFVP : ONG qui agit par formation et conseil pour les pays en développement : agriculture, artisanat, aménagement de l'espace, patrimoine, environnement…

B.P. 220 – 94203 Ivry sur Seine Cedex – Tél. : 01 53 14 20 30 – www.afvp.org

• ANPER : L'objectif de l'Association nationale pour la protection des eaux et rivières est de sensibiliser le grand public à l'environnement et de veiller au respect des lois sur l'environnement. L'ANPER édite la revue *TOS*, que l'on peut commander sur leur site. 67, rue de Seine – 94140 Alfortville – Tél. : 01 43 75 84 84 – www.anpertos.org

• Artisans du monde : L'association Artisans du monde défend un commerce équitable. Elle a constitué un réseau de magasins spécialisés dans la vente de produits issus du commerce équitable.

53, boulevard de Strasbourg – 75010 Paris – Tél : 01 56 03 93 50 – www.artisansdumonde.org

• L'ASI : L'Action de solidarité internationale soutient des programmes de développement dans les domaines de la santé et du handicap, de la petite entreprise artisanale, du développement rural, de l'alphabétisation, de l'appui aux structures locales de développement et de l'enfance en difficulté. Elle agit particulièrement en Afrique du Sud. 5, rue Lebon – 75 017 Paris – Tél. : 01 45 74 77 66 – www.asi-france.org

• Le CIELE : Association de protection de l'environnement, de promotion des énergies renouvelables et de la maîtrise de l'énergie, le CIELE est un centre de documentation ouvert à tous, un lieu de débats et de conférences sur le développement durable. 48, boulevard Magenta – 35000 Rennes — Tél. : 02 99 30 12 13 – www.ciele.org

• De l'éthique sur l'étiquette : Collectif d'associations qui agit en faveur du respect des Droits de l'homme au travail dans le monde. www.ethique-sur-etiquette.org

• FDH : Frères des hommes est une association de solidarité internationale qui soutient de nombreux projets de développement en Afrique, Asie, Amérique Latine et aux Caraïbes.

9, rue de Savoie – 75006 Paris – Tél. : 01 55 42 62 62 – www.fdh.org

• Le GERES : Le Groupe Énergies renouvelables, Environnement et Solidarités mène des actions dans le domaine de l'environnement, de l'énergie et de l'agroalimentaire en France, en Afrique et en Asie.

16, rue Henri-Huchard – BP 416 – 75870 Paris Cedex 18 – Tél. : 01 44 85 61 83 – www.geres.free.fr

• Max Havelaar : Association qui promeut le commerce équitable via un label de qualité sociale. Max Havelaar France – Immeuble Le Melies – 261, rue de Paris – 93100 Montreuil – Tél. : 01 42 87 70 21 – www.maxhavelaarfrance.org

• ORSE : L' Observatoire sur la responsabilité sociale des entreprises collecte, analyse et diffuse des informations sur la responsabilité sociétale des entreprises et sur l'investissement socialement responsable, en France et à l'étranger. 7, impasse Léger – 75017 Paris – Tél. : 01 56 79 35 00 – www.orse.org

• La PFCE : La Plate-forme pour le commerce équitable agit sous plusieurs angles : la sensibilisation au commerce équitable en France, le regroupement des associations et magasins œuvrant en faveur du commerce équitable, recherche, etc. 146, rue de Crimée – 75019 Paris – Tél. : 01 53 35 05 43 – www.commercequitable.org

• RAC-F : Le Réseau Action Climat-France (RAC-F) regroupe une quinzaine d'associations en France de défense de l'environnement, d'usagers de transport, et d'alternatives énergétiques.

2B, rue Jules-Ferry – 93100 Montreuil – Tél. : 01 48 58 83 92 – www.rac-f.org

• WWF : L'Organisation mondiale de protection de la nature (WWF) met en place des actions concrètes et durables, tant au niveau international qu'au niveau local. 1, carrefour de Longchamp – 75116 Paris – Tél. : 01 55 25 84 84 – www.wwf.fr

Formations.

Il existe de nombreuses formations spécialisées en développement durable et en responsabilité sociale des entreprises (dans les universités, les écoles de commerce, les écoles d'ingénieurs...). Pour plus d'informations, vous pouvez contacter l'Onisep, (www.onisep.fr), consulter le magazine *L'Étudiant* (www.letudiant.fr) et le site de Novethic qui propose un guide des formations au développement durable (www.novethic.fr).

Les actions concrètes du développement durable

Le développement durable participe d'un mouvement global qui implique des acteurs multiples à différents niveaux et recouvre des applications très diverses. Le présent ouvrage s'est donc limité à quelques exemples significatifs illustrant l'esprit du développement durable, mais ceux-ci ne sauraient recouvrir l'ensemble des actions qui sont menées sur le terrain pour œuvrer à un meilleur développement social, environnemental et économique dans le sens du développement durable. Pour découvrir plus en détail des initiatives concrètes, vous pouvez consulter les ouvrages suivants :
• *Le Développement durable à l'usage des collectivités locales*, Victoires/Dexia éditions, coll. « Les métiers du développement durable », 2006.
• *Le Guide PricewaterhouseCoopers du développement durable. État des lieux et perspectives mondiales*, Éd. d'Organisation, 2006.
• *Mémento pratique du développement durable à l'usage des collectivités locales*, Anne-Marie Sacquet et Bernard Deljarrie, Victoires/Dexia éditions, 2005.

La collection Monde d'aujourd'hui

veut donner aux lecteurs – collégiens, parents, enseignants – des outils d'analyse pour comprendre les enjeux du monde contemporain. Chaque ouvrage aborde une grande question transversale, souvent mal connue, et qui pourtant nous concerne tous. Photographies, cartes, graphiques mettent en scène les fondamentaux d'un problème contemporain en en donnant une vision claire, structurée, synthétique et vivante.

L'ENTREPRISE
Un acteur clé de la société

Par Serge et Philippe Hayat

96 p. – 15 €

(Disponible en septembre 2006)

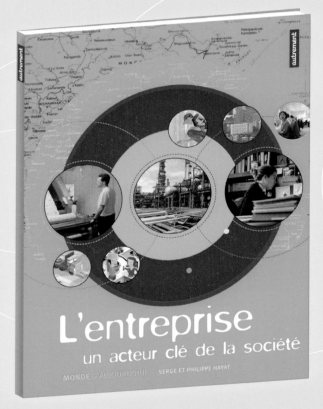

Titres à paraître :

LES ONG. Multinationales de la solidarité

LA PAUVRETÉ. En France et dans le monde, un défi

LES ENTREPRENEURS SOCIAUX. L'économie solidaire et sa différence

LA VIE LOCALE. Le département et ses acteurs